Folgen Sie uns!

Wir informieren Sie gerne und regelmäßig über Neuigkeiten aus der Welt des CONBOOK Verlags. Folgen Sie uns für News, Specials und Informationen zu unseren Büchern, Themen und Autoren.

 www.conbook-verlag.de/newsletter   www.facebook.com/conbook

1. Auflage
© Conbook Medien GmbH, Meerbusch, 2016
Alle Rechte vorbehalten.

www.conbook-verlag.de
www.my-challenge-coach.com

Einbandgestaltung: Birgit Kohlhaas
Lektorat: Eva Reinitz
Satz: David Janik
Druck und Verarbeitung: CPI books GmbH, Leck

In Kooperation mit dem WDR Fernsehen. Dieses Werk wurde vermittelt von der Autoren- & Verlagsagentur Dr. Harry Olechnowitz.

Printed in Germany
ISBN 978-3-95889-119-7

Die in diesem Buch dargestellten Zusammenhänge, Erlebnisse und Thesen entstammen den Erfahrungen und/oder der Fantasie des Autors und/oder geben seine Sicht der Ereignisse wieder. Etwaige Ähnlichkeiten mit lebenden Personen, Unternehmen oder Institutionen sowie deren Handlungen und Ansichten sind rein zufällig. Die genannten Fakten wurden mit größtmöglicher Sorgfalt recherchiert, eine Garantie für Richtigkeit und Vollständigkeit können aber weder der Verlag noch der Autor übernehmen. Lesermeinungen gerne an feedback@conbook.de. Die Inhalte der Webseiten, auf die in diesem Buch verwiesen wird, unterliegen allein der Verantwortung der jeweiligen Seitenbetreiber, die Conbook Medien GmbH übernimmt keine Haftung für die Inhalte fremder Internetseiten.

50 STAATEN · 50 TAGE · 50 CHALLENGES

MICHAEL WIGGE

FIFTY STATES
OF
WIGGE

# Seitnotiz
www.seitnotiz.de

Dieses Buch ist mit weiterführenden Inhalten im Internet verknüpft. Sie erkennen die Verweise an folgendem Symbol: ▤. Der Abruf der Inhalte erfolgt kostenlos und ohne Registrierung unter www.seitnotiz.de.

50 STAATEN

1. **MAINE, PORTLAND**
   Fast schon Afrika!. 18

2. **NEW HAMPSHIRE, LITTLETON**
   Der Pizzastaat 22

3. **VERMONT, MONTPELIER**
   Der liberale Bundesstaat 27

4. **MASSACHUSETTS, SOUTHBRIDGE**
   Das Ausspracheproblem 30

5. **RHODE ISLAND**
   Der kleinste Bundesstaat der USA 33

6. **CONNECTICUT, HARTFORD**
   Die Wiege Mark Twains 37

7. **NEW YORK, MIDDLETOWN**
   Franklin D. Roosevelt 40

8	**PENNSYLVANIA, RONK**	
	Amishland auf Deutsch	44
9	**NEW JERSEY, PENNSVILLE**	
	Eingequetscht!.	48
10	**DELAWARE, NEWARK**	
	Die Steuerhinterziehung!.	54
11	**MARYLAND, GERMANTOWN**	
	Shoppingmall statt Hofbräuhaus	57
–	**DISTRICT OF COLUMBIA, WASHINGTON**	
	Kein Staat, keine Challenge	61
12	**VIRGINIA, MOUNT VERNON**	
	George Washington vs. Clinton & Trump	63
13	**WEST VIRGINIA, LEFT HAND**	
	Der unglaublichste Zufall	66

14	**OHIO, AKRON** McDonald's-Wahnsinn.	70
15	**MICHIGAN, DETROIT** Im Schock!.	74
16	**INDIANA, COLUMBUS** Gesetzesbrecher!	79
17	**KENTUCKY, LOUISVILLE** Der Wrestler in mir!	83
18	**TENNESSEE, NASHVILLE** Country Music bis zum Umfallen.	90
19	**GEORGIA, GAINSVILLE** Kikerikiiiii!	94
20	**NORTH CAROLINA, TRYON** Die Minizeitung.	97

21	**SOUTH CAROLINA, WINDSOR CITY**
	Trump, der Nachbar! 101

22	**FLORIDA, FERNANDINA BEACH**
	Schaukel im Swing State 109

23	**ALABAMA, MOBILE**
	Das Ronald-Reagan-Haus 112

24	**MISSISSIPPI, GULFPORT**
	Zwei P, vier S, vier I 117

25	**LOUISIANA, NEW ORLEANS**
	Richtfest und Party!. 120

26	**ARKANSAS, CRATER OF DIAMONDS STATE PARK**
	Die Schatzsuche. 125

27	**TEXAS, TEXANA**
	Deutscher Redneck bis zum Sonnenbrand. 129

28	**OKLAHOMA, SEMINOLE** Öl vs. Solarkraft	132
29	**KANSAS, CAWKER CITY** Der weltgrößte Schnurballen	136
30	**MISSOURI, KANSAS CITY** Der Ort im falschen Staat	139
31	**IOWA, DES MOINES** Lehrstunde in Rechtschreibung	142
32	**ILLINOIS, CHICAGO PARK RIDGE** Hillary ist da!	146
33	**WISCONSIN, SHEBOYAN** Die Bratwursthauptstadt	152
34	**MINNESOTA, HINCKLEY** Politikexperten in der Provinz	154

35	**NORTH DAKOTA, BISMARCK** Fast wie in Deutschland	157
36	**SOUTH DAKOTA, MOUNT RUSHMORE** Der Präsidentenwahnsinn	162
37	**MONTANA, COOKE CITY** Der Elchtest	167
38	**WYOMING, YELLOWSTONE UND JACKSON HOLE** Peng!	173
39	**IDAHO, POCATELLO** Ich als Schmutzfink	181
40	**UTAH, SALT LAKE CITY** Mein Bekanntschaft mit Moroni	184
–	**900 KILOMETER DURCH WYOMING NACH NEBRASKA** Auuuuuuutsch!	191

41 NEBRASKA, KIMBALL
Langeweile Teil 2 193

42 COLORADO, DENVER
Mein zweites Zuhause 196

43 NEW MEXICO, ALBUQUERQUE
Walter White, die Latinos und Donald Trump 200

44 ARIZONA, GRAND CANYON NATIONAL PARK
Der Mega-Run 208

45 NEVADA, LAS VEGAS
Einarmige Banditen 213

46 KALIFORNIEN, YOSEMITE NATIONAL PARK
Die Superriesen! 218

47 OREGON, BORING
Partytime! 227

48 WASHINGTON, SEATTLE
Der Regenmacher. 231

49 ALASKA, JUNEAU
Wasser im Überfluss 233

50 HAWAII, HONOLULU
Das große Finale 237

NACHWORT 242

EINLEITUNG

AMERIKA IM SCHNELLDURCHLAUF

Ich sitze auf meinem Sofa und fahre mit einem schwarzen Textmarker über eine große USA-Karte. So ein Mist, jetzt hab ich mich auch noch verzeichnet, denke ich genervt. Aber so kann das wohl passieren, wenn deutsche Perfektion auf amerikanische Landkarten stößt. Anstatt die schwarze Linie durch Austin in Texas zu ziehen, bin ich mit dem Textmarker versehentlich nach Dallas abgebogen.

So kann ich meine Reise nicht beginnen, ich möchte perfekt vorbereitet sein! Also gehe ich in den nächsten Target-Supermarkt. Eine neue Karte für 9,90 Dollar wird gekauft und nun eine schwarze Linie durch alle 50 US-Bundesstaaten gezogen, und dieses Mal ohne damit falsch abzubiegen! Es ist meine Reiseroute, die mir Amerika so nahe bringen soll wie niemals zuvor, denn ich habe mir eine neue Challenge gesetzt:

Alle 50 Staaten in maximal 50 Tagen bereisen und dazu 50 Challenges bestehen, die mich tief in die amerikanische Kultur hineinschleudern sollen!

Ich weiß, dass ich mir viel vorgenommen habe, aber die Challenge ist aus verschiedenen Gründen nicht zu entschärfen.

1. Mehr als 50 Tage komme ich aus anderen Jobs nicht mehr raus. Ich arbeite hauptsächlich als Vortragsredner

in Deutschland und den USA und mein amerikanischer Agent sagt: »Maximal sieben Wochen, sonst wirst du von der Agentur gefeuert!« (Ups, ich dachte, nur die Deutschen wären direkt). Außerdem ist ein hohes Tempo bei dem Zeitdruck ein interessanter Blickwinkel. 20.000 Kilometer in 50 Tagen heißt auch, permanent auf Adrenalin zu sein und Amerika im Schnelldurchlauf und in totaler Reizüberflutung zu erleben.

2. In diesem Jahr ist eine USA-Investigation durch wirklich alle 50 Staaten und nicht durch 30 oder 20 davon notwendig, denn 2016 ist Wahljahr in den USA, und schon der Vorwahlkampf hat für Europäer unverständliche Facetten auf den Tisch gebracht. Ich erinnere mich, wie kürzlich Donald Trump in Colorado war und rumpolterte, wie er Amerika als Präsident mit Mauern an der Grenze zu Mexiko verändern möchte. Auf der anderen Seite sehe ich eine Expräsidentengattin, die nun im zweiten Anlauf endlich selbst Präsidentin werden möchte und überraschenderweise relativ unbeliebt in der Bevölkerung ist.

3. Eine Challenge pro Staat muss sein, um die kulturellen und politischen Differenzen zwischen Alabama, Oklahoma, Honolulu, Mississippi und Massachusetts genau herauszufinden. (Warum können die ihre Orte eigentlich nicht auch einfach Neustadt oder Altdorf nennen?) Im Vorfeld habe ich viel recherchiert, um herauszufinden, was typisch oder bedeutend für die einzelnen Staaten ist oder welchen Superlativ sie verzeichnen können. Auf dieser Grundlage habe ich mir eine Challenge für jeden Staat ausgedacht, um den Menschen dort auf den Zahn zu fühlen. Denn dieses riesige Land mit 320 Millionen Einwohnern ist für mich mehr als ein Land. Eher so eine Art Kontinent wie Europa, denn die Regionen von

Hawaii bis New York, von Alaska bis New Orleans und von Kalifornien bis Neuengland unterscheiden sich wohl nicht viel weniger als Deutschland von England oder Italien von Spanien. (Es gibt in den USA übrigens keine offizielle Amtssprache. Englisch existiert neben Spanisch ohne Sonderrechte.)

Also, wie so oft in Amerika ist auch in diesem Wahljahr nichts wirklich normal, schließlich wurde auch schon mal Ronald Reagan Präsident, der sich vorher nur durch seine Schauspielkarriere ausgezeichnet hatte. Oder man denke an den ehemaligen kalifornischen Gouverneur *Terminator 2,* der mit »Hasta la vista, Baby!« ganz locker an die Macht in einem Bundesstaat mit fast 40 Millionen Einwohnern gekommen ist.

Ich mag diese unverständliche Verrücktheit, bin wohl selbst ein bisschen so und bin auch großer Amerikafan. Im Auftrag der Europäer möchte ich durch meine nächste Challenge die Geheimnisse der amerikanischen Gesellschaft endlich lüften. Ich selbst habe mich schon viel mit dieser Kultur beschäftigt. Seit 2013 nenne ich Boulder im US-Bundesstaat Colorado mein zweites Zuhause neben Berlin und verbringe dort für meine Projekte in den USA viel Zeit. Ich bin so eine Art Pendelkind zwischen zwei Welten – mal Boulder, dann wieder Berlin. Beruflich und privat lebe ich beide Kulturen, und durch mein zweites Challenge-Projekt, *Wigges Tauschrausch,* besitze ich sogar ein Eigenheim auf Hawaii. Alles hatte mit einem Apfel in Deutschland angefangen, den ich so weit hochgetauscht habe, bis ein 1.000-m²-Grundstück und ein kleines Häuschen im 50. US-Bundesstaat offiziell meins waren. Schon zuvor hatte ich mich der Herausforderung gestellt, *Ohne Geld bis ans Ende der Welt* zu reisen, und dabei zwei Monate komplett blank in den USA verbracht. Besuche bei Amishbauern in Ohio, Übernachtungen mit Obdachlosen in New Mexico und Blumenessen auf Hawaii waren prägende Erlebnisse. Insgesamt hat mich die Freundlichkeit, die Höflichkeit und das positive Lebensgefühl dieser Kultur schon immer angezogen. Man verfällt einfach nicht in Pessimismus, behält die Verantwortung für Probleme eher bei sich und geht miteinander in der Regel sehr respektvoll um. Alles super, würde man die zeitweilige Verrücktheit dieser Amis nur endlich mal verstehen.

Also, ich stürze mich rein ins Amerika der vielen Facetten, miete mir einen Ford Mavericks Van E150 mit integriertem Bett und werde nun viele Wochen darin verbringen, jeden Tag hoffentlich 500 Kilometer fahren und mich jeden Tag in einem anderen Bundesstaat einer neuen Challenge stellen. Ich habe zwei große Reisetaschen dabei, eine mit Kleidung und genug Unterwäsche – man weiß ja nie, wann man im Stress der Challenges wieder die nächste Waschmaschine antrifft –, und eine weitere mit Video- und Fotokameras, um alles zu dokumentieren!

Auf dem Weg zum Start meiner großen Reise bin ich einer wilden Mischung von Gefühlen ausgesetzt, die mich schon jetzt an eine wilde Mischung Amerika erinnert. Zum einen bin ich euphorisch, voller Vorfreude auf die unglaublichen Abenteuer, die ich in den nächsten 50 Tagen erleben werde. Ich denke an Musik in New Orleans, die imposanten Weiten in den Nationalparks Amerikas, die Vielfältigkeit in Städten wie Detroit, die einen Wirtschaftskollaps erlitten haben, und natürlich die vielen, vielen Menschen, die offen und neugierig sind und meistens viele kulturelle Strömungen in ihren Stammbäumen aus Europa, Afrika und Asien haben. Ich sehe mich schon vor mondänen Herrenhäusern in den Südstaaten stehen, genauso wie auf schneebedeckten Bergen der Rocky Mountains. Ich kann es kaum erwarten, den Pazifik zu ergründen, um schlussendlich meine letzte Challenge auf Hawaii zu beenden.

Andererseits spüre ich aber auch eine gewisse Nervosität, denn ich werde einer extremen Belastung ausgesetzt sein. 50 Challenges, 50 Staaten und 20.000 Kilometer in 50 Tagen sind ganz schön viel. Was passiert, wenn der Wagen zusammenbricht, wenn ich krank werde, wenn mir etwas geklaut wird oder sonst etwas unerwartet Schlimmes passiert?

Ganz amerikanisch versuche ich Befürchtungen und Sorgen gegen das Positive einzutauschen und konzentriere mich auf den Start meines neuen Abenteuers ganz im Nordosten des Landes.

Los geht's!

PS: Für alle, die nicht genug von meinen USA-Abenteuern bekommen können, findet sich am Ende jeder Challenge ein Link zu meinem Video-Tagebuch auf www.my-challenge-coach.de/de/wordpress/blog. Einfach den QR-Code einscannen und lossurfen.

TAG 1 – STAAT 1
MAINE, PORTLAND
580 KILOMETER

FAST SCHON AFRIKA!

Meinen Van hole ich in New York ab, ein bunt bemalter Bulli mit ausklappbarem Bett und Tisch, sodass ich ihn zum Schlafen, Fahren und Arbeiten nutzen kann. Ich fahre einige Stunden Richtung Norden, zum Bundesstaat Maine, in der Nähe der kanadischen Grenze.

Diese Fahrt zeigt mir gleich die Herausforderungen, die ich zu überwinden habe. Ich komme mit dem Bulli kaum aus dem Großraum New York raus, permanent Staus, ich verfahre mich immer wieder. Innerlich baut sich eine unglaubliche Spannung auf. Ich will endlich nach Maine, Mann! Aber plötzlich stehe ich im Stadtteil Harlem in einem Stau, der sich nicht auflösen will. Ich bin falsch abgebogen, und ein Menge Afroamerikaner schauen verwundert auf den Bulli mit Angry-Bird-Bemalung. Wie soll ich jemals 20.000 Kilometer fahren, wenn ich noch nicht einmal New York verlassen kann? Die Lösung: Tief einatmen! Ich mache seit Jahren Meditationsübungen fürs persönliche Gleichgewicht. Jetzt kann ich es anwenden. Ich versuche die Umstände zu akzeptieren, atme immer wieder tief ein und aus. Leider wird meine meditative Stille durch das permanente Gehupe anderer Autofahrer gestört. Man kommt wohl nur mit dem Auto durch New York, wenn man permanent andere Fahrer weg- bzw. wachhupt.

Als ich es endlich aus New York herausschaffe, fühle ich mich schwindelig, da ich immer noch einen Jetlag habe. Und dann diese New Yorker Verkehrsreizüberflutung, das hat mich ziemlich geschafft. Leider geht es die Ostküste nach Maine hoch genauso weiter, immer wieder Staus, immer wieder Anhalten, um Autobahngebühren zu bezahlen. Ich merke, dass ich mir mehr als Meditation einfallen lassen muss, um diese Reise halbwegs entspannt zu meistern.

Amerika ist ein Autoland, statistisch gesehen besitzt jede Familie 1,8 Autos. In Deutschland ist es ungefähr ein Auto pro Haushalt. Die Amis haben also fast doppelt so viele Autos pro Familie. Und das beeinflusst meine USA-Challenge enorm. Ich hatte nicht daran gedacht, dass Amis selbst mit dem Auto zum Nachbarn oder zum Briefkasten fahren. Okay, ganz so schlimm ist es auch wieder nicht, trotzdem fällt mir am Straßenrand das Schild »Drive Through Pharmacy« auf, das kommt mir dann doch sehr typisch vor: Medikamente kaufen, ohne aus dem Auto steigen zu müssen.

Das Städtchen Portland in Maine präsentiert sich mir äußerst frostig. Es ist Ende April und in der Nähe Kanadas friert es, und das obwohl Maine der nächste amerikanische Bundesstaat zu Afrika ist. Ja, wirklich! Man würde ja erwarten, dass Florida die kürzeste Distanz zu Afrika hätte, aber durch die Erdkrümmung ist es Maine, ganz im Nordosten, wo es klirrend kalt ist. Während Portland in Maine nur 5.500 Kilometer von Marrakesch entfernt liegt, ist Florida fast 7.000 Kilometer von der marokkanischen Stadt entfernt.

Aber temperaturmäßig hilft mir das wenig. Gleich die erste Nacht im Van heißt für mich: Kältetest.

Als ich morgens aufwache, fühle mich wie ein alter Hamburger, der drei Tage auf dem Tisch lag und nichts mehr von seiner warmen Frische übrig hat.

Ich bin schlecht drauf. Zuerst der Stress in den unzähligen Staus und dann kaum Schlaf wegen der Kälte – kann ja nicht schlimmer werden!

Doch, es kann! Ich muss nämlich nach dem Aufstehen dringend auf Toilette, aber wo nur? Der Van hat zwar ein kleines Spülbecken und einen Campingkocher, aber keine Toilette. An dieses Problem hatte ich genauso wenig gedacht wie an die Staus in Amerikas. Wo soll ich auf dieser Reise bloß mehrfach täglich meine Notdurft verrichten, besonders wenn ich konstant unter Zeitdruck bin?

Es ist 6 Uhr in der Früh und ich erledige mein Geschäft auf einer Starbucks-Toilette. Sie ist herrlich warm, sodass aus einem kleinen Geschäft eine 20-minütige Herumtrödelgeschichte wird, um mich aufzuwärmen.

★
CHALLENGE #1

Finde heraus, warum Maine die wenigsten Gefängnisinsassen der USA hat!

Ich habe mich im Vorfeld der Reise gründlich in die USA eingelesen und bemerkt, dass die Staaten eine Unzahl an Menschen in Gefängnissen haben. Insgesamt sitzen über zwei Millionen Menschen im Knast, das ist fast jeder 100. Erwachsene! Der Bundesstaat Maine fällt aber auffällig aus der Statistik heraus. Nur jeder 300. Erwachsene sitzt hier im Kittchen. Was ist hier also anders als im Rest des Landes? Sind die Gesetze lascher, schläft die Polizei oder gibt es tatsächlich weniger Straftaten?

Ich laufe durch die recht ansehnliche Innenstadt von Portland, vorbei an historischen Backsteinbauten und einem Hafen. Dort treffe ich Peter, der mir erklärt, dass Maine sehr provinziell geprägt ist und die Menschen sehr naturverbunden sind. Dadurch käme wohl der fehlende Hang, mal ein krummes Ding zu drehen. Ryan, ein Arbeiter, der gerade Kartons in ein Auto lädt, meint, dass man in Maine einfach zu langsam drauf ist, um eine Straftat zu begehen. Jenny, eine Hausfrau, die gerade ihren Hund Gassi führt, erklärt, dass der Nordosten Amerikas eine hohe soziale Verantwortung besitzt. Sie beschreibt, dass es hier an jeder Ecke Spendenaktionen für diverse Hilfsprojekte gibt. Durch diese Haltung und eine gute Bildung lebt es sich einfach friedlicher.

Aber dann treffe ich Fouci, einen Psychologen aus Schweden. Er erzählt mir, dass er nach Maine gekommen ist, um eine Studie über genau dieses Thema zu machen. Denn in dieser Region der USA gibt es die höchste Selbstverantwortung und die Menschen in Maine, so Fouci, haben verstanden, dass alles, was ihnen passiert, auf sie selbst zurückzuführen ist. Erfolg, Misserfolg, Glück und Unglück. Wir haben es selbst in der Hand und unsere Aktionen lösen natürlich Reaktionen der Gesellschaft aus. Hier liegt nach Foucis Recherche der Hund begraben: Je mehr man Selbstverantwortung als Essenz des Lebens versteht, desto weniger neigt man zu destruktiven Handlungen.

Video-Tagebuch zur Challenge
http://my-challenge-coach.de/blog/3382

TAG 2 – STAAT 2
NEW HAMPSHIRE, LITTLETON
700 KILOMETER

DER PIZZASTAAT

Ich fahre von Maine nach New Hampshire, denke über Selbstverantwortung nach. Jeder ist für Reaktionen der Gesellschaft selbst verantwortlich. Am Anfang meiner Reise habe auch ich die Selbstverantwortung abgegeben, klagend über die Staus und die Kälte. Ich kann noch so viel klagen, es wird nichts ändern, schließlich liegt es an meiner eigenen Haltung, wie ich mit den Umständen umgehe. Ich habe mir diese Reise ausgesucht, auch, wann ich sie starte und in welchem Land ich sie umsetze, deshalb ist es meine Verantwortung, in welche Situationen ich gerate.

Ich fahre durch wunderschöne Landschaften, durch die White Mountains. Eine tolle Bergkette, schneebedeckt, zwischendrin kleine Orte im Architekturstil Neuenglands. Es ist ein kolonialer Architekturstil des 17. bis 19. Jahrhunderts. Die Häuser sind hauptsächlich aus Holz, oftmals weiß gestrichen mit englischen Einflüssen, wie der Name schon sagt. Die Hauptstraße des Örtchens Littleton wirkt hell und sympathisch durch die weißen Holzhäuser.

CHALLENGE #2

Finde heraus, ob die Einwohner von New Hampshire eine Pizza oder 20 Dollar bevorzugen!

New Hampshire nenne ich den Pizzastaat, da statistisch gesehen hier die höchste Pizzarestaurantdichte ganz Amerikas herrscht.

Auf 10.000 Einwohner kommen 3,87 Pizzarestaurants (The 2015 Pizza Power Report, www.seitnotiz.de/WIGGE1). Durchschnittlich sind es nur etwas über zwei Pizzarestaurants in den USA. Und in Littleton sieht es noch krasser aus. Ich finde insgesamt sieben Pizzerien für ungefähr 5.000 Einwohner. Littleton ist also so etwas wie die heimliche Pizzahauptstadt Amerikas.

Was läuft hier also? Neigt man durch die schöne Natur und Architektur etwa dazu, sich konstant Pizzen reinzuziehen? Oder mangelt es vielleicht an Fleisch und Fisch und man greift einfach immer wieder auf Pizza zurück?

Ich kann es nur durch einen Test herausfinden: In der linken Hand halte ich eine große Pizza und in der rechten einen 20-Dollar-Schein. Wie viele Passanten werden sich für die Pizza und wie viele für das Geld entscheiden?

Bei meinem Streifzug durch die Hauptstraße Littletons höre ich verschiedene Reaktionen.

»Hab grad erst zu Mittag gegessen, nehme also das Geld!«

»Geld ist Amerikas Leidenschaft. Sorry, Geld geht immer vor Pizza!«

»Wow, das wird meine zweite Pizza heute, danke!«

Insgesamt teste ich 14 Passanten. Vier nehmen die Pizza, neun die 20 Dollar und eine Person ist unentschieden. Das sieht für mich eher nach der heimlichen Geldhauptstadt Amerikas aus. Was ist also los?

Ich gehe in eine Pizzeria an der Hauptstraße und spreche mit dem Besitzer Dimitris, der mir verspricht, dass auch er jeden Tag ordentlich Pizza isst. Aber er unterstreicht, was ich vorher schon gehört habe: Geld regiert die Welt. Bei aller Pizzaleidenschaft würde Geld in Amerika immer siegen, erklärt er mir.

»Schließlich befinden wir uns im hundertprozentigen Kapitalismus. Es geht im Endeffekt immer ums Geld, und davon kaufst du dir dann deine Pizza!«

Auf meiner Weiterfahrt denke ich lange über seine Aussage nach, schließlich ist das europäische Wirtschaftsmodell auch kapitalistisch. Aber meine USA-Erfahrungen in den letzten Jahren haben mir immer wieder ein anderes Level des Kapitalismus aufgezeigt. Seitdem ich beruflich auch amerikanische Kunden habe, Amerikaner Teil meines Freundeskreises sind und ich ebenfalls in den USA konsumiere und Dienstleistungen in Anspruch nehme, spüre ich einen deutlichen Unterschied zu Deutschland beim Thema Geld. Wenn ich zum Beispiel in den USA eine Dienstleistung vom Automechaniker, Versicherungsagenten oder vom Vermieter in Anspruch nehme, muss ich viel mehr aufpassen, dass ich nicht plötzlich ein leeres Portemonnaie habe. Letztes Jahr habe ich mein Auto reparieren lassen. Der Mechaniker meinte: »Ja ja, krieg ich hin, kein großes Ding!« Eine Woche später legte er mir eine Rechnung von 4.000 Dollar vor. Ich fiel aus allen Latschen, damit hatte ich nie gerechnet. Ja, der große Fehler war gewesen, dass ich ihm einfach vertraut hatte. Erst nachdem ich mir alle Ersatzteile habe auflisten lassen, die Arbeitsstunden überprüft habe und meinte, dass ich zuerst von anderen Mechanikern Vergleiche einholen möchte, ging er plötzlich mit dem Preis um 1.500 Dollar runter. Nicht dass mir das nicht auch in Deutschland hätte passieren können, aber die fehlende Regulierung des Marktes und der hohe Konkurrenzdruck scheinen hier für dreiste Forderungen ein fruchtbarer Boden zu sein.

Anderes Beispiel: Mein Auto in den USA ist natürlich versichert. Kurz vor dieser Reise habe ich meine Versicherungsagentin gebeten, eine Personenhaftpflichtversicherung hinzuzufügen, und habe ihr gesagt, dass ich nun länger verreise. Kurz vor der Abfahrt schaute ich in den Briefkasten und sah nicht eine Zusatzversicherung, sondern gleich vier für 500 Dollar extra. Klar, das konnte ein Missverständnis sein. Aber als ich die Agentin mit der Situation konfrontierte, wurde sie nervös, und nach einigem Hin und Her merkte ich, dass sie wohl wirklich gedacht hatte, ich sei schon längst verreist und hätte so ein bisschen mehr Versicherungsschutz nicht bemängeln können.

Also wechselte ich sofort den Versicherungsagenten und war nun für 100 Dollar monatlich versichert. Schon nach kurzer Zeit erhielt ich die erste Rechnung in Höhe von 129 Dollar. Ich war echt schockiert und rief die neue Agentin an. Sie erklärte mir, dass die vereinbarten 100 Dollar eher eine Schätzung gewesen waren, für den besprochenen Versicherungsschutz muss ich nun doch 29 Dollar mehr zahlen. Also erwähnte ich, dass ich dann noch mal den Agenten wechseln würde. Plötzlich gab sie mir ein Sonderangebot für 107 Dollar.

Ende letzten Jahres war ich im Sportgeschäft, um mir neue Sportschuhe zu kaufen. Ich bat direkt um ein gutes Angebot, da ich nicht so viel zahlen wollte. Der Verkäufer reichte mir sofort Laufschuhe für 199 Dollar und erzählte mir, dass das der beste Deal sei und es einfach nicht günstiger gehe. Ich schaute während seines Verkaufsmonologs auf das Schuhregal, erblickte Nike-Laufschuhe im Sonderangebot für schlappe 49 Dollar und konnte es kaum fassen, wie ich absichtlich fehlberaten wurde.

Warum das Ganze? In der Regel werden Angestellte in den USA nach Leistung bezahlt. Je höher die Verkaufszahlen, desto höher das Einkommen. Kulturell scheint es darüber hinaus akzeptiert zu sein, aggressive Verkaufsstrategien durchzuziehen. Ich bin mir sicher, dass viele Amerikaner die 29 Dollar extra monatlich bei der Versicherungsgebühr nicht beanstandet hätten. Ich empfinde Amerikaner in diesem Punkt oftmals großzügiger, man denkt sich: Egal, ich hab eh so viel um die Ohren.

Viele Geschäfte können in den USA durch die Zahlung mit der Kreditkarte die E-Mail-Adresse des Kunden bekommen. Nach dem Supermarkteinkauf beginnt dann der Spam. Auf Europäer mit gemäßigtem Konsumverhalten und der Gewohnheit, dass Verkaufsstrategien nicht zu agressiv sein dürfen, wirkt das befremdlich. Heute gebe ich nur noch meine angeblich neue E-Mail-Adresse raus: Iamsotiredofthis@yahoo.com.

Ich denke, in Deutschland geht man da viel schneller in die Auseinandersetzung, wenn man überrumpelt wird, plötzlich Zusatzkosten auftauchen etc., und man besteht einfach auf sein Recht. Da Amerikaner darauf aus Höflichkeit lieber verzichten, haben viele Amerikaner sicherlich höhere laufende Kosten als notwendig wäre.

Video-Tagebuch zur Challenge
http://my-challenge-coach.de/blog/3406

TAG 3 – STAAT 3
VERMONT, MONTPELIER
810 KILOMETER

DER LIBERALE BUNDESSTAAT

Ich wache auf der Rückbank im Van auf, nach neun Stunden Schlaf. Im Leben hätte ich nicht gedacht, dass ich auf einer Rückbank so tief und fest schlafen kann, aber die Erschöpfung war gestern so groß, dass ich wahrscheinlich auch stehend in einer Menschenmenge neun Stunden geschlafen hätte.

Ich steige aus dem Van und gehe durch Montpelier, der Hauptstadt von Vermont. Montpelier ist in der Aussprache nicht mit dem französischen Montpellier zu verwechseln. Man spricht es aus wie »Montpällieeer«. Und diese Bundesstaatenhauptstadt ist ziemlich besonders:

- Einzige Staatenhauptstadt ohne McDonald's-Restaurant
- Nur 7.500 Einwohner
- Sehr linksliberale Bevölkerungsstruktur (Demokrat Bernie Sanders kommt aus Vermont – das ist der, der Hillary ganz schön ins Schwitzen gebracht hat)
- Vermont ist so eine Art Good State. Hier wurde als Erstes die Sklaverei abgeschafft und heutzutage herrscht hier die niedrigste Kriminalitätsrate der USA.

In den Sechzigern sind viele Hippies in das Städtchen gezogen, sodass man heute viele ältere Herrschaften mit langen Haaren in den örtlichen Cafés sieht.

CHALLENGE #3

Umarme 10 Passanten, finde darunter jemanden, der Donald Trump aufgrund seines Bad-Boy-Images wählen will!

In einem linksliberalen Hippieort ist diese Herausforderung wohl eine Mission Impossible. Aber die Hoffnung stirbt zuletzt. Los geht's!

Ich bitte 10 Passanten, mich aufgrund der Challenge zu umarmen, und während der Umarmung frage ich ganz unerwartet: »Do you vote for Donald Trump?«

Viele Passanten erschrecken sich über diese unerwartete Frage und antworten wie folgt:

- Jessy: »Nee, an den Typen glaub ich nicht.«
- Mavery und Samantha: »Niemals, nicht in einer Millionen Jahren!«
- Annie: »Niemals, aber ein Bad Boy kann generell auch sexy sein.«
- Tony und Bianca: »Wenn der gewählt wird, ziehen wir nach Kanada.«
- Claire: *geht schweigend weg, als ich die Frage stelle.*
- Peter: »Ich bereue diese Umarmung.«
- John: »Ja, ich wähle Trump, aber ich wähle ihn wegen Jobs.«

An diesem Punkt ist mir klar, dass ich die Challenge nicht gewinnen kann. Nur einer von neun Passanten ist Republikaner gewesen, und dieser fand das Bad-Boy-Image von Trump auch nicht gut. Was nun?

Ich will unbedingt die Challenge gewinnen und schaue mir genau die Personen auf der Straße an. Für meinen letzten Versuch darf ich niemanden mit langen Haaren wählen, kein alternatives Outfit, am besten jemanden, der etwas kantiger daherkommt, jemand der auch zeigt, dass er gerne mal aneckt.

Da entdecke ich Garry, der gerade vorbeikommt und mich irgendwie frech angrinst. Das ist er! Ich frage ihn, wie er zum Trump-Image steht. In der Frage lege ich ihm eine positive Antwort schon nahe. So nach dem Motto:

»Findest du das Bad-Boy-Image von Trump auch so super?«

Zusätzlich strecke ich ihm ein großes Grinsen entgegen, das auf eine Bestätigung wartet.

Und Garry, sagt:

»Ja! Ich mag sein Bad-Boy-Image, so richtig Bad Ass, der Kerl!«

Ich jubele, der zehnte Passant bringt es raus. Garry ist total überrascht darüber, dass die Aussage so viel Freude in mir auslöst. Ich umarme ihn, was ja auch zur Challenge gehört. Jetzt wird Garry etwas misstrauisch.

»Alles gut bei dir?«

Ich bestätige und sage ihm, dass ich nun endlich in den nächsten Staat reisen kann. Garry winkt grinsend ab und kann den Zusammenhang natürlich nicht verstehen.

Zum Abschluss frage ich ihn noch, was so gut am Bad-Boy-Image von Trump ist. Garry erklärt, dass er den Wahlkampf dieses Jahr als große Unterhaltungsshow sieht, und das hat Trump bekanntlich drauf.

Video-Tagebuch zur Challenge
http://my-challenge-coach.de/blog/3449

TAG 3 – STAAT 4
MASSACHUSETTS, SOUTHBRIDGE
1.070 KILOMETER

DAS AUSSPRACHEPROBLEM

Nach vier Stunden Fahrt bin ich schon in Massachusetts, in der Nähe von Boston. Im kleinen Vorort Southbridge mache ich für meine nächste Challenge halt.

★
CHALLENGE #4

Lerne in zehn Minuten Massachusetts richtig auszusprechen!

Auch nach Jahren in den USA habe ich bei einigen Worten noch Aussprachepobleme. Massachusetts ist da ein ganz besonderes Highlight. Wahrscheinlich wirkt der Name so schwierig, weil er von den Algonkin-Indianern stammt und so viel wie »am tollen Hügel« bedeutet.

Southbridge ist nicht unbedingt der freundlichste Vorort Bostons, so toll ist der Hügel hier also nicht unbedingt. An mir vorbei brausen Leute in großen Pick-ups, die mich absichtlich ihr Motorengeräusch spüren lassen, indem sie voll aufs Gas treten.

Ich parke den Van vor einer Ladenzeile. Im ersten Stock schaut eine ältere Frau aus dem Fenster. Als sie sieht, dass ich meine Videokamera aus dem Van hole und das Weitwinkelobjektiv sich löst und hart auf den Asphalt knallt, fängt sie an zu lachen.

»Haha, runtergefallen!«, ruft sie vom Fenster runter.

Ich finde es nicht ganz so lustig und gehe weiter, um die Challenge schnell zu bestehen. Als Erstes sehe ich fünf Typen in einem Hinterhof, die neben einem aufgemotzten Pick-up stehen. Einige von ihnen haben große Tatoos auf den Armen und alle trinken Dosenbier. Ich frage mich still, ob das jetzt die richtige Gang ist, um mit mir Ausspracheübungen zu machen. Wohl kaum, sagt eine besorgte Stimme in mir. Aber ich habe mir nur zehn Minuten für die Challenge eingeräumt, also ist es einen Versuch wert.

»Ich bin Deutscher und kann euren Bundesstaat nicht aussprechen. Könnt ihr mir helfen?«

Noch bevor ich die Frage zu Ende ausgesprochen habe, merke ich, wie absurd meine Frage auf die fünf Typen wirkt. Sie schauen mich schweigend an, und nach drei Sekunden erklingt aus der Gruppe die ganz simple Ansage:

»Film uns bloß nicht!«

Damit haben sich wohl alle weiteren Aussprache-Lehrstunden-Fragen erübrigt. Ich verabschiede mich höflich und renne schnell die Straße runter, nur noch sieben Minuten Zeit. Ich sehe eine Supermarktangestellte, renne kopflos auf sie zu, mit meiner kleinen Kamera in der Hand.

»Mach die Kamera aus!«

Damit ist wohl auch das geklärt. Schnell laufe ich weiter und bin vollkommen außer Atem. Leider ist die Fußgängerampel auf Rot, kurzentschlossen renne ich trotzdem über die Straße. Fünf Minuten habe ich noch, da sehe ich eine Frau auf dem Bürgersteig. Ich erkläre ihr hechelnd mein Problem, sie schaut mich kritisch an und stellt sich als Jennifer vor. Ich lege nach, dass ich Michael heiße und nur noch fünf Minuten Zeit habe, sonst habe ich die Challenge verloren.

»Was denn für 'ne Challenge?«, fragt sie mich.

»Eine von 50 in ganz Amerika, ist doch egal. Bitte, ich muss den Bundesstaat aussprechen lernen. *Mäsyschuschitts!*«, sage ich zu ihr.

Sie sagt, dass das falsch klinge. Ich stimme ihr zu.

»Wie sagt man es denn richtig?«

»Mäs-a-Juice-its ist die richtige Aussprache«, erwidert sie.

»Mäs-a-Tschu-sitts?«

»Nein, Määäs-a-Juice-its!«

Ich erwidere: »Mäs-sä-zu-sis!«

Sie schüttelt den Kopf. Ich versuche es wieder:

»Mäs-tzä-zu-tschisch! Moment, ich hab's: Määs-a-Juice-its!«

Sie nickt und lacht. Ich bedanke mich, renne schnell weiter und treffe Kerk, einen älteren Herrn, der gerade sein Auto verlässt. Ich habe noch eine Minute Zeit und bitte ihn, mir eine Punktzahl für meine Aussprache zu geben. 10 Punkte für sehr gut und 0 für vollkommen falsch. Er lacht und sagt, dass ich losschießen soll.

»Määs-a-Juice-its!«

Er schaut mich schweigend an. Ich sehe die Challenge schon verloren, mehr Zeit hab ich nicht mehr.

»9 von 10 Punkten«, sagt er plötzlich ganz ruhig. »Gut gemacht!«

Ich bin vollkommen durchgeschwitzt und erleichtert. Ich habe es geschafft, Challenge bestanden. Mir geht es immer wieder durch den Kopf: *Määs-a-Juice-its! Määs-a-Juice-its!*

Video-Tagebuch zur Challenge
http://my-challenge-coach.de/blog/3460

TAG 3 – STAAT 5
RHODE ISLAND

DER KLEINSTE BUNDESSTAAT DER USA

Ich springe in den Van, die Dame schaut immer noch im ersten Stock aus dem Fenster. Im Augenwinkel nehme ich wahr, dass sie mein Verhalten sehr kritisch verfolgt. Klar, warum rennt da jemand wie von der Tarantel gestochen zu seinem Auto und braust im Höchsttempo davon? Beim Verlassen von Southbridge wird mir mein auffälliges Verhalten klar. Natürlich kann niemand verstehen, was hier los ist. Aber ich bin raus aus dem Ort, schaue noch mehrfach in den Rückspiegel, in der Hoffnung, dass mich nicht plötzlich die Polizei verfolgt.

CHALLENGE #5

**Durchquere Rhode Island in unter
einer Stunde ohne Rücksicht auf Tempolimits!**

Rhode Island ist der kleinste Staat der USA, ein kleiner Streifen Land, eingequetscht zwischen Massutschusitts (dieser Name, er macht mich verrückt, geschrieben wie gesprochen!) im Norden und Osten und Connecticut im Westen. 45 Kilometer breit und circa 80 Kilometer lang. Also eine Art Ministaat. In meiner 50-Tage-Challenge kommt mir so ein Staat wie ein Geschenk vor, schließlich wird es mein dritter Staat an einem Tag.

Diesen Staat in unter einer Stunde zu durchqueren, ist trotzdem schwierig. Amerikanische Tempolimits und harte Strafen für Raser sind ein Grund, aber auf der Karte schätze ich die Durchquerung von Norden bis Südwesten auf ungefähr 85 Kilometer, und das entlang des Ballungszentrums von Providence in der berühmt berüchtigten Rushhour!

Ich schaue auf mein Navi, während ich Southbridge verlasse: 66 Minuten geschätzte Fahrtdauer, wenn kein Stau eintritt. Das wird sehr schwierig, aber nicht unmöglich, wenn man einen deutschen Fahrstil hat. Schließlich kennen wir das mit den Tempolimits auf Autobahnen ja gar nicht. Als ich auf den Freeway biege, sehe ich ein Schild: »65 m/h Speed Limit«. Das sind gerade mal 110 Stundenkilometer. Ich muss es tun, drücke aufs Gas und fahre bald 95 Meilen pro Stunde, also fast 160. So etwas würde wahrscheinlich 500 Dollar Strafe und Führerscheinentzug geben, deshalb schaue ich noch immer ständig in den Rückspiegel, um die Polizei frühzeitig zu erkennen.

Ich beobachte, wie durch mein Tempo die Minutenschätzung des Navis nach unten geht. Nur noch zwei Minuten über dem Soll! Ich werde es schaffen und kann schon auf 80 Meilen pro Stunde drosseln. Damit würde ich den Führerschein bei einer Straßenkontrolle auch nicht mehr verlieren, was für diese Reise einen großen Vorteil hätte.

Aber nach einer halben Stunde Fahrt merke ich, wie ich immer dringender auf Toilette muss. Denn ich habe mich in Massachussets so schnell in die Challenge gestürzt, dass ich das Thema Toilette komplett vergessen hatte. Ich hätte dort auch überhaupt nicht gewusst, wo ich hätte hingehen können. Etwa zu der Dame oben im Fenster? Oder zu den fünf Tattoojungs im

Hinterhof? Und jetzt wird es dringend. Zuerst hoffe ich noch, dass ich es die halbe Stunde bis zum Erreichen des Ziels aushalten kann, aber je mehr man es nicht will, desto schlimmer wird es. Als Grundschüler hatte ich das übrigens ganz schlimm. Auf dem Fußweg nach Hause musste ich immer 500 Meter vor unserem Haus ganz dringend auf Toilette. Es war wie verhext, und je schneller ich die 500 Meter dann gerannt bin, desto schlimmer wurde es, da ich mich natürlich auch immer intensiver mit dem Thema auseinandergesetzt habe.

Trotz aller Übung als Schuljunge schaffe ich es nicht. Ich muss an eine Raststätte ranfahren. Ich parke, eile aus dem Van, lasse wie früher bei *Ein Colt für alle Fälle* den Schlüssel aus Zeitgründen in der Zündung stecken und renne in die zum Glück nicht verschlossene und kostenfreie Toilette (in den USA sind Tankstellentoiletten immer kostenfrei). Ich kann es kaum noch halten, und es fühlt sich an, als hätte ich es Tage aufgeschoben.

Erleichtert renne ich wie von der Tarantel gestochen wieder raus und zum Van, sehe im Augenwinkel wie Passanten fragend hinter mir herschauen und, *brummm,* ich bin weg. Das Navi sagt nun wieder, dass ich vier Minuten drüber bin. Mann! Und nun nimmt auch noch der Verkehr zu. Unmöglich, über 80 Meilen pro Stunde zu fahren! Das Straßenschild sagt, dass es nur noch wenige Meilen nach Hopkinton sind, da ist die Staatengrenze! Ich versuche, Autos zu überholen, mal rechts mal links, was in den USA erlaubt ist. Aber ich muss immer wieder abbremsen, zu viele Autos!

Plötzlich geht mir ein komischer Gedanke durch den Kopf, den ich eigentlich noch nie hatte:

Warum mache ich das eigentlich hier und habe nicht einen normalen Job?!

Wow, diese Frage in dem Stress überwältigt mich, dazu kann ich echt keine Antwort finden, zumal ich mich immer wieder links und rechts an Autos vorbeischlängele. Aber es kommt mir doch eine kurze Antwort in den Kopf: Weil es Spaß macht, mit selbst kreiertem Kram meinen Lebensunterhalt zu verdienen!

Der Spaß an Challenges ist mein Antrieb. Ich stelle mir schon immer Herausforderungen, seitdem ich denken kann. Als Kind habe ich mein Stotterproblem durch eine Klingel-Challenge teilweise überwunden (Video: ≣ www.seitnotiz.de/WIGGE2). Später habe ich als Reporter bei MTV gearbeitet und musste immer Challenges bestehen, wie mir eine Wimper für Halle Berry ausreißen oder Angelina Jolie zum längsten Handschlag der Geschichte zwingen (Video: ≣ www.seitnotiz.de/WIGGE3).

Verrückt, aber die Komfortzone bei jeder Challenge zu verlassen, ist zwar teilweise unangenehm, jedoch lohnt es sich, Hürden zu überspringen, um daraus für sich zu lernen und zu wachsen. Egal wie absurd die Herausforderungen sein können.

Und wer lebt schon davon, dass er wie ein Verrückter durch Rhode Island rast? Ich kenne sonst niemanden. Wobei wohl nicht unbedingt viele mit mir tauschen würden, aber mir macht es unheimlich viel Spaß. Und es ist ein ungeheuerlich tolles Gefühl, wenn man die Staatengrenze erreicht und die Armbanduhr ungefähr eine Stunde anzeigt. Das Schöne an einer Uhr mit Zeiger (ja, mit Zeiger, so etwas habe ich noch) ist die Deutungsmöglichkeit. Man könnte jetzt meinen, es seien 62 Minuten, aber so genau erkennt man Details nicht, deshalb sehe ich da grob eine Stunde, bin erleichtert und fahre in gemütlichem Tempo nach Connecticut Richtung Hartford weiter.

Video-Tagebuch zur Challenge
http://my-challenge-coach.de/blog/3483

TAG 4 – STAAT 6
CONNECTICUT, HARTFORD
1.150 KILOMETER

DIE WIEGE MARK TWAINS

Hartford ist eine mittelgroße amerikanische Großstadt mit einer beachtlichen Downtown. Trotzdem ist man relativ zügig die gesamte Stadt hindurch gefahren.

Ich fahre zum sogenannten Mark Twain House. Hier lebte Mark Twain von 1874 bis 1891 und schrieb und schrieb und schrieb. Eigentlich kennt man ihn weltweit in erster Linie durch *Die Abenteuer des Tom Sawyer* bzw. durch die TV-Serie *Die Abenteuer von Tom Sawyer und Huckleberry Finn*. Ich erinnere mich noch genau, wie ich als Kind diese Serie geliebt habe. Tom Sawyer und Huckleberry Finn im 19. Jahrhundert irgendwo am Mississippi hecken diverse Streiche aus. Das war einer meiner ersten Eindrücke von den USA. Oder zumindest von einem fiktiven Teil der amerikanischen Geschichte, der mir aber ein gewisses Lebensgefühl zeigte, das sich sehr vom europäischen unterschied.

So stehe ich nun vor dem Anwesen von Mark Twain, das heute als Museum dient.

CHALLENGE #6

**Frage im Mark-Twain-Museum, von wem das Zitat
»The secret of getting ahead is getting started« stammt!**

Eigentlich müsste ja jeder, der im Museum arbeitet, dieses Zitat kennen, aber ich frage mich, wie verbunden sich die Nachbarschaft mit Mark Twain fühlt und ob sie seine Zitate kennt. Ich bezweifele es nämlich stark, denn es bietet sich ein recht absurdes Bild: Das mondäne Mark Twain House steht mitten in der sogenannten Hood. Die Nachbarschaft ist ziemlich verarmt, man sieht traurige Gestalten am Straßenrand herumhängen, oftmals obdachlos und tendenziell eher Minderheiten zugehörig.

Auf mich wirkt dieses riesige Haus von Mark Twain mit seinen gepflegten Parkanlagen wie ein Störfaktor in einer Welt, die nichts damit zu tun hat. Und so ist es dann auch.

Ich spreche mit Franki, der mir auf der Straße entgegenkommt und mir erzählt, dass er 1999 aus Serbien in die USA ausgewandert ist und seitdem hier mehr schlecht als recht lebt. Zum Mark Twain House hat er keinen Bezug.

»Ich würde da niemals reingehen, kein Interesse und kein Geld!«

Gegenüber vom Haus treffe ich Elvis, einen Afroamerikaner in seinen Siebzigern im strahlend weißen Anzug.

»Keine Ahnung, was das für ein Haus ist, obwohl ich hier immer zur Kirche gehe«, sagt er schulterzuckend.

Mittlerweile frage ich die Passanten überhaupt nicht mehr nach dem Zitat. Das Thema hat sich wohl klar erledigt, und ich fühle mich in der verarmten Nachbarschaft nicht ganz wohl. Irgendwie hab ich den Eindruck, dass einige Leute meine kleinen Interviews misstrauisch beobachten, also gehe ich lieber ins Museum.

An der Kasse steht eine junge Frau namens Sophie. Ich grinse sie an und werfe ihr sofort das Zitat entgegen:

»*The secret of getting ahead is getting started* – von wem ist das?«, frage ich erwartungsvoll.

Sie lacht, weil es wohl nicht so üblich ist, dass Besucher des Museums ein Zitaträtsel starten.

»Ehrlich gesagt, keine Ahnung«, sagt sie und holt Amelie, die Pressesprecherin des Museums. Vor ihr wiederhole ich meine Frage und Amelie schaut mich fragend an. Es ist Stille zwischen uns. Wird sie es kennen? Ihr Blick hat etwas Investigatives. Ich sehe, wie sie überlegt, was das Ganze soll. Aber dann versteht sie wohl sofort mein Motiv.

»Ich denke, das muss von unserem Mann sein, wenn du schon so fragst!« Damit meint sie wohl Mark Twain, und sie hat natürlich recht. Ich stimme ihr zu, Amelie und Sophia jubeln, ich bedanke mich und bin weg.

Im Nachhinein muss ich über die Situation nachdenken. Auf der Straße war ich wohl mit meinen Fragen nicht so richtig willkommen. Aber dann im Museum: Da kommt ein Unbekannter mit Kamera in der Hand rein und stellt ohne Erklärung ein Zitaträtsel. Beide Angestellte machen mit, sind emotional sofort drin, ohne Stress zu machen wegen einer Drehgenehmigung oder aus Angst, ihren Ruf zu verlieren oder so. Und das finde ich super, und das ist Amerika für mich: Amis sind locker in solchen Situationen – meistens auf jeden Fall.

Video-Tagebuch zur Challenge
http://my-challenge-coach.de/blog/3491

TAG 4 – STAAT 7
NEW YORK, MIDDLETOWN
1.600 KILOMETER

FRANKLIN D. ROOSEVELT

Gegen 13 Uhr geht es weiter, und ich freue mich, Richtung Sonne zu fahren. Den ganzen Morgen hat es in Hartford geregnet, was den sozialen Brennpunkt um das Mark Twain House für mich wohl noch trauriger hat aussehen lassen. Aber leider fahre ich immer weiter in den Regen, sodass ich wohl auch den Bundesstaat New York nicht im Sonnenschein kennenlernen werde.

Auf der Fahrt Richtung New York geht mir durch den Kopf, dass ich erst vier Tage auf der Reise bin. Durch die hohe Taktung meiner Aktivitäten kommt es mir aber schon vor wie Tag 10. Dieses Phänomen der »Lebensverlängerung« ist mir schon oft passiert. In sehr aktiven Lebensphasen vergeht Lebenszeit gefühlsmäßig langsamer als in niedriger Taktung. Klar, wenn man 20 Dinge in vier Tagen erlebt, wirkt das natürlich wie 10 Tage, da einem 20 Dinge normalerweise in einem viel längeren Zeitraum geschehen.

Ich merke an dieser Stelle, dass ich gute Chancen habe, die 50 Staaten in 50 Tagen zu schaffen. Natürlich sind die Anfangsstaaten in Neuengland alle relativ klein im Vergleich zu den mittleren und westlichen Staaten. Also, die hohe Frequenz kann ich gar nicht halten, aber vielleicht schaffe ich alle Challenges doch schon in 45 statt 50 Tagen? Es kribbelt mich regelrecht unter den Füßen, und ich merke, wie ich langsam und voller Freude und Selbstbewusstsein das Tempo erhöhe. Ich möchte die 45 Tage brechen, egal wie heftig der Regen auf die Windschutzscheibe klatscht.

Mit diesem guten Gefühl komme ich in Middletown an. Ich gebe zu, es ist nicht ganz einfach, den Enthusiasmus zu halten, denn Middletown in Upstate New York ist ein heruntergekommener Ort mit hoher Arbeitslosigkeit, da die Industrie hier abgezogen wurde. Ich sehe im strömenden Regen niemanden auf der Straße und mache es mir auf dem Sofa in meinem Van mit einem Kaffee bequem, das 45-Tage-Ziel im Hinterkopf.

In meinen Unterlagen lese ich, dass im Bundesstaat New York der einstige US-Präsident Franklin D. Roosevelt aufgewachsen ist. Und das Interessante an seiner Präsidentschaft ist, dass er der einzige amerikanische Präsident mit mehr als zwei Amtszeiten ist, von 1933 bis 1945. Heutzutage ist nach maximal acht Jahren Schluss, anders als beim Bundeskanzler in Deutschland. Man denke an Angela Merkel und an Helmut Kohl. Als Kind wusste ich gar nicht, dass jemals der Bundeskanzler wechseln würde, ich dachte Helmut Kohl wäre für mein ganzes Leben als Regierungschef vorgesehen.

★

CHALLENGE #7

Finde heraus, wie die New Yorker zu mehr als zwei Amtszeiten für Regierungschefs wie in Deutschland stehen!

Mit Schirm in der Hand im strömenden Regen vor leider heruntergekommenen Einkaufszentren treffe ich die beiden Teenagerinnen Laura und Danielle und befrage sie dazu, wie sie zu einem deutschen Modell der unendlichen Amtszeiten stehen.

»Hey, acht Jahre reichen, wir brauchen hier keinen zweiten Hitler!«

Ach ja, wie die Pubertät doch Meinungen ungefiltert nach außen weitergibt, denke ich mir. Aber Ibrahim, ein Mann mittleren Alters, differenziert etwas mehr.

»Personen in Machtpositionen tendieren dazu, über Dauer korrupt zu werden und mehr an der Macht als am Volk interessiert zu sein. Zwei Amtszeiten, dann bitte weg!«

Joan packt gerade ihre Einkaufstüten völlig durchnässt in ihren Kofferraum und ist ebenfalls direkt, wie es für New Yorker typisch ist.

»Am besten eine Amtszeit, das reicht mir für Politiker.«

Ich kann es nachvollziehen, irgendwie neigen Politiker in dritten und vierten Amtszeiten nicht mehr unbedingt dazu, Innovation ins Land zu bringen. Oftmals werden sie ungehalten und kleben an der Macht. Ich erinnere mich noch, wie Helmut Kohl in den Neunzigern immer mehr anfing, Journalisten zu beschimpfen. Ein sauberes Ende nach acht bis zehn Jahren hätte wahrscheinlich seinen Ruf als Übervater der Nation gerettet.

Ich frage mich selbst immer, warum in Deutschland nicht wie in vielen anderen Ländern zwei Amtszeiten für die Kanzlerschaft eingeführt wurden, besonders nach der totalitären und absolut desaströsen Erfahrung durch das Dritte Reich.

Aber zurück zu Joan und zum strömenden Regen in Middletown. Joan schwenkt über auf den aktuellen Wahlkampf zwischen Clinton und Trump und lässt mal richtig Dampf ab, wenn schon so ein Unbekannter Politdiskussionen im Regen startet:

»Ich will Trump als Präsident! Endlich hat er die politische Korrektheit abgeschafft, und man kann sich wieder trauen, zu sagen, was man will. Das ist ein wahrer Geschäftsmann!«

Ich denke im Stillen, wie gut es ist, dass die USA nur zwei Amtszeiten haben, und schwinge mich wieder in den Van.

Video-Tagebuch zur Challenge
http://my-challenge-coach.de/blog/3508

TAG 5 – STAAT 8
PENNSYLVANIA, RONK
1.700 KILOMETER

AMISHLAND AUF DEUTSCH

Ich fahre weiter und endlich aus dem Regen heraus nach Pennsylvania. Auf der Rückbank meines Vans übernachte ich in einem kleinen Dorf namens Ronk. Ganze 9 ½ Stunden schlafe ich, weil ich total erschöpft bin nach acht Staaten und fünf Tagen.

Das Örtchen Ronk habe ich nicht zufällig angesteuert: Es ist das Herz der Amishkultur. Die Amish sind christlich geprägte Bauern, die im frühen 18. Jahrhundert aus dem Schwarzwald und der Schweiz in die USA ausgewandert sind, um dort ihren Glauben leben zu können. Und dieser Glaube unterscheidet sich klar vom römisch-katholischen Christentum oder von den Protestanten. Denn die Amish lehnen jegliche technische Errungenschaften nach dem 18. Jahrhundert ab. Das hat zur Folge, dass in den Bundesstaaten in Ohio und Pennsylvania, wo die Amish angesiedelt sind, ganze Landstriche so wirken wie im 18. Jahrhundert: Amishbauern in traditioneller Kleidung, Amishbauern, die in Pferdekutschen herumfahren, Amishbauern, die das Feld bestellen, als hätten sie noch nie etwas von einem Traktor gehört. Und das Dorf Ronk zählt zu den Hotspots der unglaublichen Zeitreise, die man mit den Amish machen kann.

Ich schaue morgens aus dem Fenster meines Vans und sehe Pferdekutschen und junge Frauen, die weiße Häubchen und weißgraue Kleider tragen. Weit und breit sind keine anderen Autos zu sehen. Vielleicht bin ich ja wirklich letzte Nacht versehentlich in eine Zeitmaschine gestiegen und jetzt im 18. Jahrhundert gelandet? Dieser Gedanke schwindet sehr schnell, als ein großer Nicht-Amish-Laster nur knapp an meinem Van vorbeirast und mein Gefährt heftig durchschüttelt.

»Okay, doch 2016, alles klar.«

CHALLENGE #8

Finde einen Amishbauern, der sich mit dir auf Deutsch unterhält!

Diese Challenge klingt ja erst mal gar nicht so schwer, wenn man bedenkt, dass die Amish auch heutzutage noch eine ans Deutsche angelehnte Sprache sprechen, das sogenannte Pennsylvania Dutch – nicht gleich aber ähnlich. Ich habe mir mal eine Amishbibel angeschaut, die zweisprachig war: links English und rechts Deutsch. Die Herkunft bleibt also traditionell erhalten.

Aber es gibt ein großes Problem. Die Amish lehnen nicht nur Autos, Internet und Telefone ab, sie reagieren auch sehr allergisch auf Videokameras. In ihrem Glauben kann eine Videoaufnahme den religiösen Weg stören. Amishbauern werden also bei keiner Deutschsprechen-Challenge mitmachen, solange man sie dabei filmen will. Diese Challenge will ich mir aber natürlich auch nicht auf Band entgehen lassen, schließlich will ich meine ganze Reise auch im Videotagebuch begleiten. Ich muss also einen Weg finden.

Die ersten zwei Stunden von Farm zu Farm sind erfolglos. »Bitte Kamera aus«, heißt es immer wieder, »wir dürfen das einfach nicht.«

Ich sehe ein, dass es keinen Sinn macht, möchte auch nicht, dass sich die Amish wegen mir schlecht oder gar plötzlich ihrer Religion entzogen fühlen. Aber trotz jeglicher Erfolglosigkeit mit meiner Challenge hat der Besuch bei den Amish für mich einen großen Sinn. Ich werde entschleunigt. Die Amishbauern tuckern im Zeitlupentempo in ihren Kutschen an mir vorbei, nutzen keine Smartphones, haben keinen Zeitdruck in ihren bäuerlichen Tätigkeiten. Es ist eine Welt der Entschleunigung. Auf mich wirkt es zuerst wie eine schmerzhafte Bremse. Nach acht Bundesstaaten in fünf Tagen bin ich auf höchstem Adrenalinpegel und vollem Tempo. Durch das unerwartete Bedienen der Handbremse komme ich erst mal runter und kann die Schönheit dieser Subkultur wahrnehmen.

So geschieht es, dass ich gemütlich in einen Möbelladen schlendere – Möbelproduktion ist übrigens sehr typisch für die Amish. Dort komme ich ganz ungezwungen mit Anita ins Gespräch, die mir erzählt, dass ihre Familie halb zu den Amish und halb zu den Mennoniten gehört. Auch sie ist sehr traditionell mit Häubchen und grauem Kleid und ohne Make-up oder aufwändige Frisur, eher ungestylt. Die Mennoniten leben ähnlich traditionell, sind aber gegenüber Kameras offen. Also bin ich bei dem Stichwort Mennoniten sofort wieder zurück im fünften Gang, denn eine Stimme in meinem Kopf sagt: »Challenge Nummer 8, hier geht was!«

Und so holt Anita auf meine Bitte ihren Vater Lash. Er trägt Hosenträger, Vollbart, Hut und Hemd und ist wohl Ende 40. Ich erkläre ihm meine Mission und dass ich ihn als halb Amish und halb Mennonite für meine Deutschsprechen-Challenge gerne auf Deutsch mit Kamera befragen möchte, und er stimmt zu.

Also legen wir los und ich frage ihn, wie das Leben so läuft.

»Das Leben ist gut«, erwidert er auf Pennsylvania Dutch, und es klingt tatsächlich ein wenig wie Altdeutsch.

Ich frage ihn weiter, was er heute so macht.

»Ich mache heute Geld«, ist seine Antwort. Danach zeigt er auf Gegenstände im Raum und benennt sie als Licht, Blume, Oi (Ei) und verschwindet schnell wieder, schließlich muss Geld gemacht werden. Ich höre noch ein freundliches »Auf Wiedersehen«, und weg ist er.

Video-Tagebuch zur Challenge
http://my-challenge-coach.de/blog/3515

TAG 5 – STAAT 9
NEW JERSEY, PENNSVILLE
1.800 KILOMETER

EINGEQUETSCHT!

Am Mittag fahre ich weiter nach New Jersey, statistisch gesehen der am dichtesten bevölkerte Bundesstaat der USA. Meine Fantasien ranken sich um Menschenmassen, die sich durch die Straßen New Jerseys quetschen, lange Staus auf den Straßen und Gedränge an den Kassen in Supermärkten, um da irgendwie wieder herauszukommen. Die Fantasie ist gar nicht so unbegründet, bedenkt man, dass New Jersey dreizehnmal stärker besiedelt ist als der USA-Durchschnitt.

Die Realität im Städtchen Pennsville sieht aber ganz anders aus. Ich parke den Van neben der örtlichen Pizzeria und schaue die absolut leere Hauptstraße hoch und runter. Kein Fußgänger, kein Auto, nichts.

Es ist einer der ruhigsten und leersten Orte meiner Reise. Ich schaue auf der Karte nach, um sicher zu gehen, dass ich wirklich in New Jersey bin. Sind die vielleicht alle ausgewandert? Oder verstecken sich?

Ich finde keine Antwort, bis ich Justin treffe, einen Typen Anfang 30, der neben mir parkt.

»Klar, die hohe Bevölkerungsdichte betrifft den Norden von Jersey, der direkt an New York City grenzt – Jersey City und so«, erklärt er mir.

CHALLENGE #9

Quetsche dich im dichtgedrängtesten Bundesstaat in eine Menschenmasse und beschreibe das Lebensgefühl von New Jersey!

Das ist nun leichter gesagt als getan. Ganz in den Norden zu fahren, das dauert mir zu lange, also muss ich die Mission Impossible irgendwie hier erledigen, was allerdings ohne Menschen und erst recht ohne Menschenmassen recht schwierig ist.

Also begebe ich mich in eine Such-Challenge der ganz besonderen Art. Ich gehe zuerst in die Pizzeria neben dem Parkplatz und sehe eine Highschoolklasse mit ihrer Lehrerin dort essen. Super, ich muss nur warten, bis sie rauskommen, sie bitten, dass ich mich in ihre Mitte quetschen darf, Challenge bestanden!

Nach 25 Minuten Wartezeit am Straßenrand kommt die Schulklasse endlich raus. Ich frage alle Beteiligten höflich, ob wir die Angelegenheit kurz erledigen können, erkläre, dass ich als Reiseblogger oft solchen Blödsinn mache und sie mir sehr helfen würden.

Die Jugendlichen sagen: »Jau, mach, wir quetschen uns zusammen.« Als ich gerade in die Mitte der 20 Teenager gehen will, höre ich eine ältere Damenstimme laut und unfreundlich rufen: »Auf keinen Fall, weiter geht's!«

Ich sehe plötzlich die Lehrerin, wie sie mich unfreundlich anschaut, als hätte ich ihre Schulkasse klauen wollen. Die Kids ziehen sofort mit und sind schneller weg, als ich antworten kann.

Ich gehe die Hauptstraße hinunter zur Polizeistation. Soll ich das bringen? US-Cops sind doch immer so autoritär. Da kommt In-eine-Menge-Quetschen bestimmt nicht so passend, denke ich mir. Aber ich will unbedingt weiter und mich lieber zwischen fünf Bullen quetschen als in Pennsville meinen Lebensabend zu verbringen. Also gehe ich ins Polizeigebäude und komme mit dem Hausmeister Jim ins Gespräch, der mein Anliegen versteht und per Haustelefon den Sheriff hinter der verschlossenen Tür anruft.

»Da ist ein Typ aus Deutschland, der sich in eine Menge quetschen will, um New Jersey zu verstehen. Ich glaube, er will Polizisten.«

Ich höre mit und frage mich, ob ich sofort aus der Polizeistation rennen oder mich gleich in den angegliederten Gerichtssaal begeben soll, um meine Strafe wegen totaler Dummheit oder so zu bekommen.

Trotz aller Befürchtungen legt Jim den Hörer auf und meint, dass der Sheriff gleich rauskommt. Ich kann es kaum glauben und warte. Nach zehn Minuten wird mir klar, dass der Sheriff auf sehr amerikanische Weise ein Problem gelöst hat. Natürlich kommt er nicht raus, aber vermeidet eine kontroverse Absage, sondern sagt Ja und macht nichts.

In den letzten Jahren ist mir dieser Unterschied im Vergleich zur deutschen Kultur fast täglich in den USA aufgefallen. Es gibt hier so gut wie kein Nein. Man hält sich immer positiv und lässt auf seine Aussagen dann einfach keine Taten folgen. Warum? Wie ich es erfahren habe, ist ein Nein oder eine starke Gegenmeinung ein Tabu, dass das *feel good* kaputt macht. In den USA geht es in der Kommunikation sehr stark um das Positive: *awesome, great, I love it!* Und um Motivation anstatt um Kritik. Da passt es einfach nicht ins Lebensgefühl, abzusagen oder anderer Meinung zu sein. So löst man Dinge diplomatisch. Kein Rückruf eines erbetenen Telefonats ist eine klare Aussage: NEIN! Aber ohne es jemals auszusprechen.

In der deutschsprachigen Kultur dagegen spüre ich viel Direktheit, zur Sache kommen, Nein heißt Nein. Offene Kritik ist erlaubt.

Ich habe einige Jahre dafür gebraucht, in persönlichen Beziehungen und im Berufsleben in den USA diesen großen Unterschied zu lernen, da ich so sehr an Wort = Tat gewöhnt bin.

Allerdings finde ich langfristig die positive, gefilterte Art der Amis angenehm – wenn man sie versteht und nicht zehn Minuten vergebens auf den Sheriff wartet.

Immerhin sind es auch in einem zweiten Aspekt kulturell lehrreiche zehn Minuten. Denn Jim, der Hausmeister, bekommt Besuch von einem Reinigungsmittelvertreter, der ihm einen neuen Seifenspender für die Polizeiwache verkaufen will. Und hier beobachte ich wieder aus der Distanz, wie aggressiv amerikanische Verkaufsstrategien sind. Natürlich sagt Jim nicht klar und direkt Nein zu dem Seifenspender – ist halt Tabu. Aber er gibt Winke mit dem Zaunpfahl.

»Danke, ich denk drüber nach – hab ja deine Nummer, melde mich bei Interesse – ich schlafe mal drüber.«

In Europa ist man da als Vertreter schon angehalten, irgendwann mal aufzuhören, bevor es dreist und bedrängend wird. Nicht aber, wenn es um Business in den USA geht. Der Vertreter macht immer weiter.

»Drei Spender für den Preis von zweien, Seife ist kostenlos dabei – probier doch mal aus, überleg doch mal, den Preis gibt es nur heute!«

Ich höre ja nur heimlich mit, wie der Vertreter Jim nun schon zehn Minuten bearbeitet, und versetze mich gedanklich in die Position des Hausmeisters. Es kommen in mir Gefühle und Fantasien hoch, wie ich den Seifenspender nehme und ihn quer durch den langen Flur gegen die Sherifftür werfe, um dem

Vertreter eine klare Antwort der deutschen Art zu geben und gleichzeitig die Tür zum Sheriff zu öffnen.

Aber so weit kommt es nicht, denn Jim kommt schwitzend zu mir, als der Vertreter endlich abgezogen ist. Jim ist ruhig, dank einer so beneidenswerten amerikanischen Höflichkeit und der Akzeptanz, dass jeder einem Kohle aus der Tasche ziehen will.

»Ich glaube, der Sheriff will doch keine Menge bilden, in die du dich reinquetschen kannst.«

Ich muss lachen und bedanke mich bei Jim für seine Hilfe und Höflichkeit.

Der Nachmittag geht so weiter, Restaurants, Hardware Store, Tankstelle. Ich frage jeden möglichen Menschen in Pennsville, der irgendwie mit Kollegen eine Menge (fünf Leute oder mehr) bilden könnte. Aber so viele gibt es nicht.

Ich erkenne, dass die Platzmangel-Challenge die bislang schwerste meiner Reise ist, und werde allmählich zu einer auffälligen Person im Ort – was nicht besonders schwer ist, wenn niemand anderes da ist.

Aber zum Glück hat Pennsville den WaWa Market, einen Supermarkt, der fünf Angestellte hat, die sich mehr mit sich selbst beschäftigen als die offensichtlich fehlenden Kunden zu bedienen. Ich bin mittlerweile auf dem Bettellevel ohne wirklichen Selbstrespekt angekommen und schaue die Managerin vom WaWa Market mit großen Hundewelpenaugen an.

»Was ist denn mit dir los?«, meint sie.

Ich switche auf Business-Modus um, schließlich sind aggressive Verkaufsstrategien in den USA ja ziemlich legitim, und widerhole immer wieder, wie toll es für den WaWa Market wäre, wenn alle Angestellten und die eine Kundin eine Menge bilden könnten, in die ich mich reinquetschen könnte. Nach zwei Absagen wirkt meine aggressive Verkaufsstrategie, und sie willigt ein, diesen Nonsens-Plan umzusetzen.

»Los, Mädels, bildet mal eine Gruppe! Der Blogger aus Europa will euch mal alle spüren.«

Die Mädels giggeln und mit großer Freude quetsche ich mich zwischen sechs Frauen neben Colastand und Käsetheke. Challenge bestanden, und kulturell mal wieder viel gelernt!

Video-Tagebuch zur Challenge
http://my-challenge-coach.de/blog/3523

TAG 6 – STAAT 10
DELAWARE, NEWARK
2.000 KILOMETER

DIE STEUERHINTERZIEHUNG!

Ich übernachte im Van auf dem Parkplatz eines großen Einkaufszentrums. Viele Leute kommen nachts vorbei, sodass ich immer wieder wach werde – mal halbstarke Jungs, die die Motoren ihrer Wagen hochjagen, dann mal wieder ein Liebespaar, das direkt neben mir parkt.

Aufgrund dieser nächtlichen Aktivitäten schlafe ich nur schlecht, und schon um halb sechs in der Früh stehe ich hinter meinem Van und putze mir vor meinem kleinen Waschbecken die Zähne, praktisch auf der Straße.

CHALLENGE #10

Finde im Steuerparadies Delaware einen bekennenden Steuerhinterzieher!

Mir ist schon vor Jahren aufgefallen, dass fast alle Firmen meiner Kreditkarten ihren Sitz im US-Bundesstaat Delaware haben, bis ich eines Tage gelesen habe: »Delaware, die Steueroase«. Ist da was dran? Ich recherchiere und lese in der New York Times, dass in der Stadt Wilmington in Delaware unter der Adresse 1209 North Orange unglaubliche 285.000 Firmen gelistet sind. Also, Unternehmenssteuer scheint hier ein Fremdwort zu sein, sodass sich Unmengen an Briefkastenfirmen hier angesiedelt haben, um Steuern zu sparen, obwohl die Geschäfte wahrscheinlich ganz woanders laufen. Delaware hat sich schon Anfang des 20. Jahrhunderts einen Namen als Steueroase gemacht: Niedrige Steuern sollten große Firmen aus der Region um New York hierher locken.

Aber würde jemals jemand offen darüber reden, besonders bei einem so heiklen Thema wie der Steuerhinterziehung?

Es ist immer noch früher Morgen. Ich spreche Passanten an und frage sie, ob sie schon mal etwas am Fiskus vorbeigeschafft haben.

Robin, eine Frau in den Dreißigern, reagiert verschreckt.

»Nein, auf keinen Fall! Was ist das für 'ne Frage?«

Aber schon bald treffe ich Jordan, der gerade mit seinem Sohn in seinen Pick-up steigen will, und er beschreibt sich als Banker.

»Mehr als 10 Prozent Steuern zahle ich hier nicht!«

Wow, ich werde fast neidisch. So wenig! Aber mehr möchte Jordan nicht erzählen. Doch dann zeigt er auf den Friseursalon auf der anderen Straßenseite.

»Die zahlen keine Steuern, da läuft alles Cash, ganz einfach!«

Kurz darauf treffe ich Christina. Sie arbeitet für die Uni in Newark und erklärt mir, dass sie 0 Prozent Sales Tax in Delaware zahlt, also nur Einkommenssteuer übrigbleibt, was das Leben erschwinglich macht – aber alles legal.

Nach vielen Gesprächen mit weiteren Passanten, die von wenig Steuern sprechen, treffe ich am späten Vormittag Alex, einen Kellner in den Zwanzigern. Er erklärt, dass man als Kellner in den USA fast ausschließlich von Trinkgeldern lebt.

»Der eigentliche Stundensatz beträgt manchmal nur drei Dollar«, sagt er und verrät mir, dass die Amis sehr großzügig bei Trinkgeldern sind. 20 Prozent sind Standard, so bekommt er abends locker 200–250 Dollar an Trinkgeldern.

»Versteuern? Ich lach mich schlapp!«

Alex geht weiter, ich höre ihn noch lachen. Das war's, er hat es zugegeben! Auch wenn es sich bei Trinkgeldern eher wie ein Kavaliersdelikt anhört, Steuerhinterziehung ist Steuerhinterziehung. Alex dreht sich schmunzelnd aus einiger Distanz um und ruft: »Ich bin es, dein Steuerhinterzieher, und ein sehr glücklicher!«

Video-Tagebuch zur Challenge
http://my-challenge-coach.de/blog/3534

TAG 6 – STAAT 11
MARYLAND, GERMANTOWN
2.050 KILOMETER

SHOPPINGMALL STATT HOFBRÄUHAUS

Auf dem Weg nach Germantown tröten schon die patriotischen Fanfaren in meinem Kopf: Jetzt geht es zurück zu meinen Wurzeln! Germantown, wie es wohl aussehen wird? Ein kleines bayerisches Dorf mit einem süßen Hofbräuhaus in der Mitte, wo mich junge, hübsche Mädels in Dirndln mit leckerem Bier bedienen? Naja, wohl nicht so übertrieben, aber ein paar Überreste deutscher Kultur wird es von den damaligen Einwanderern aus Deutschland schon geben, die dem Ort diesen Namen gegeben haben. Deshalb dürfte die nächste Challenge so ein Halbstundending werden, und weiter geht's!

CHALLENGE #11

**Führe mit jemandem aus Germantown
eine Politdiskussion auf Deutsch!**

»Hier isses, halt bitte an«, sagt mein Navi so ungefähr. Ich schaue mich noch im Van sitzend um und sehe nur eine riesige Shoppingmall mit Parkplatz versehen. Das Navi muss sich vertan haben oder, noch wahrscheinlicher, ich habe etwas Falsches eingegeben. Aber ich schaue nach, »Stadtzentrum Germantown« steht im Navi. Wow, das hier ist Germantown, wie es wohl nicht undeutscher sein kann!

Ich gehe auf dem großen Parkplatz auf und ab, immer noch in der Hoffnung, zumindest eine deutsche Kneipe oder ein Restaurant zu finden, aber nichts. Burger, Handys und günstige Kleidung aus China, das ist Germantown im Jahr 2016.

Brenda, eine Busfahrerin, die gerade mit ihrem Schulbus den Parkplatz für eine Mittagspause nutzt, macht es klar:

»Ich fahre so viele Leute, aber eine deutsche Familie habe ich noch nicht befördert. Das wär mal was!«

Derran parkt sein Auto, als ich ihn anspreche.

»Du bist wohl der einzige Deutsche hier«, sagt er und lacht laut los.

Dann treffe ich Theodor und Michael. Sie erzählen mir, dass Germantown im späten 18. Jahrhundert von einem Deutschen gegründet wurde, der ein Geschäft an der Eisenbahnkreuzung aufgemacht hatte. Bis in die 1980er-Jahre gab es hier wirklich noch kulturelle Überreste, zum Beispiel ein jährliches Oktoberfest. Aber seit das Einkaufszentrum da ist, ist alles vorbei. Die deutschen Wurzeln sind weg.

Ich laufe drei Stunden hin und her und kann es kaum glauben, dass im Multikulti-Amerika und besonders in diesem Ort niemand Deutsch spricht. Zumindest ein paar Worte, wie bei den Amish, sodass ich die Challenge abhaken und weiterfahren kann. Aber diesen Gefallen tut mir niemand. Ich bekomme an diesem Nachmittag bestimmt über dreißig Absagen. Irgendwann fängt es an, wehzutun, immer wieder zu hören: »Nein, nein, kein Deutsch« und »Nö, weiß auch nicht.«

Ich stelle fest, dass so in etwa wohl das Schicksal auf einer solchen Reise aussehen mag. Wenn man Dinge am meisten erwartet, kommen sie am wenigsten. Als ich aber bei den Amish überhaupt nicht mehr daran geglaubt hatte, dass irgendjemand mit mir und der Kamera sprechen würde, kam plötzlich Lash daher, der mir half.

Und leider dauert es bis zum Happy End heute noch fast zwei weitere Stunden. Zwischenzeitlich treffe ich noch nicht einmal mehr Leute auf dem Parkplatz, einige wollen gar nicht mit mir sprechen und andere wiederum sagen: »No German, sorry.«

Aber letztendlich kann ich dieses Martyrium durch Alexandra beenden, die gerade auf einer Bank hinter dem Einkaufscenter eine Pause macht. Sie erzählt mir, dass sie in ihrem Leben genau einen einzigen Tag wegen einer Flugumsteigeproblematik in Deutschland verbracht hat. Aus Spaß hatte sie an diesem einen Wartetag ein paar deutsche Wörter gelernt. Ich bitte sie, diese zu einem politischen Satz zu verbinden.

»Sorry, aber von Politik hab ich echt keine Ahnung.«

Dann bitte ich sie, irgendwas zu sagen, damit ich die Challenge abhaken kann.

»Und dann einfach nur Hillary Clinton oder Donald Trump reinmischen. Fertig, Ende, Aus.«

Sie schweigt und überlegt. Ich würde alles dafür geben, dass sie jetzt was rauskriegt. Bitte lass mich nicht hängen, denke ich im Stillen. Ich will hier einfach nur noch weg. Plötzlich ertönt es aus Alexandras Mund auf Deutsch:

»Ich mag Hillary Clinton. Ich mag Donald Trump nicht!«

Ich springe auf, jubele und falle ihr um den Hals.

»Du hast es getan! Danke, das war Politik auf Deutsch, könnte nicht besser sein.«

Ich fahre aus Germantown heraus, dankbar, dass es Alexandra gibt, aber emotionslos diesem Ort gegenüber. Wie kann ein Dorf in seiner Mitte nur aus einem einzigen Shoppingcenter bestehen? Germantown wird mir trotzdem in Erinnerung bleiben.

Video-Tagebuch zur Challenge
http://my-challenge-coach.de/blog/3545

TAG 7 – KEIN STAAT
DISTRICT OF COLUMBIA, WASHINGTON
2.100 KILOMETER

KEIN STAAT, KEINE CHALLENGE

Ich fahre weiter zu Amerikas Hauptstadt Washington D.C. Was ich erst kürzlich gelernt habe, ist, dass Washington keinem der 50 US-Bundesstaaten angehört. Es ist eigenständig und gilt als District of Columbia, wofür auch die Abkürzung D.C. hinter Washington steht. Diese Sonderstellung macht hier einiges anders als im Rest des Landes:

- Seit 1701 untersteht der District in politischen Dingen dem US-Kongress und wird somit in erster Linie vom Bund und nicht von einem Staat regiert.
- Die Bürger im District of Columbia haben im Vergleich zu den Bundesstaaten keine vollständig demokratische Repräsentation im US-Senat.

Auch wenn es die Hauptstadt, der amerikanische Regierungssitz seit dem Jahr 1800 und ein Distrikt statt eines Staates ist, ist Washington natürlich ein wichtiger Zwischenstopp. Besonders deswegen, weil die Fahrt in und aus der Stadt heraus einem totalen Kamikaze-Unterfangen gleicht.

Ich quetsche mich mit dem Van durch die vollbepackte Stadt, immer mit Sorge, dass mir im dichten Gewühl jemand den Wagen rammt, bis ich schließlich aus der Entfernung kurz das Weiße Haus sehen kann – aussteigen oder gar parken: vollkommen unmöglich.

Ich mache schnell ein paar Fotos und fahre weiter, bis ich plötzlich direkt vor dem Washington Monument halte. Autos hupen, ich quetsche mich irgendwie in eine Baustelle rein und renne aus dem Wagen. Fotos müssen hier unbedingt sein!

Dieser knapp 170 Meter hohe Obelisk ist von einem Wasserbecken und riesigen USA-Flaggen umrahmt. Der Anblick wirkt eindrucksvoll auf mich. Ich knipse im Eiltempo die Flaggen und das Monument selbst, aber es ist zu groß, passt nicht ganz aufs Bild, und da hupen die Autofahrer schon wie verrückt, weil mein Baustellenparken eine Spur in der viel befahrenen Straße einengt. Ein Foto noch, das Monument ist nun ganz drin, ich renne zurück und springe in den Van. Weg bin ich, raus aus dem Tumult von Washington!

TAG 7 – STAAT 12
VIRGINIA, MOUNT VERNON
2.200 KILOMETER

GEORGE WASHINGTON VS. CLINTON & TRUMP

Ich komme abends in Virginia an, meinem zwölften Bundesstaat. Viel Natur rankt sich um das ehemalige Landhaus des ersten amerikanischen Präsidenten. Wow, der hat sich den Stress von Washington hier auf dem Mount Vernon nicht reingezogen, denke ich mir. Es ist eine idyllische Gegend, Laubwälder wechseln sich mit Seen ab und ganz oben auf dem Mount Vernon ragt das Landhaus heraus. Nicht schlecht, aber als erster amerikanischer Präsident hätte ich mir das wohl zur Feier der Stunde auch geleistet.

Heute ist das Landhaus eine Touristenattraktion. Ich treffe auf der Terrasse des Hauses zwischen den mondänen Säulen Jennifer, eine Touristin aus Pennsylvania. Sie erzählt mir, dass George Washington einen unglaublich guten Ruf in den USA genießt, auch nach 200 Jahren noch, da er als unglaublich großzügig und gastfreundlich galt.

Den Aufzeichnungen Ende des 18. Jahrhunderts zufolge hat George Washington wohl jährlich im Schnitt bis zu 600 Leute in sein Anwesen eingeladen. Alles andere als abgeschottet ging es also im Landhaus zu.

Abends schlafe ich im Van vor dem Anwesen und höre eine Radiomeldung:

»Donald J. Trump wird für die Republikaner zum Präsidentschaftskandidaten vornominiert!«

Es wirkt auf mich komisch, dass ich auf den Spuren des ersten amerikanischen Präsidenten wandele, der sozusagen den Tag der offenen Tür als Lebensphilosophie hatte, und 200 Jahre später kommt ein Präsidentschaftskandidat auf die Bühne, der alle Türen und Tore, die es gibt, schließen will. Haben wir uns in den letzten 200 Jahren etwa so sehr zurückentwickelt?

★

CHALLENGE #12

Lasse die Besucher des Landhauses in Washington zehn Charaktereigenschaften den Kandidaten Clinton und Trump zuordnen!

So stehe ich am nächsten Morgen wieder vor dem Anwesen. Touristen strömen an mir vorbei. Ich habe eine Kladde in der Hand, auf der ich zehn Businesskarten von mir mit ihrer weißen Rückseite nach oben geklebt habe. Darauf stehen Attribute wie Erfahrung, Provokation, Angst, Einwanderung, Entscheidungen, Alpha Male, Auslandspolitik und so weiter.

Als Erstes bleibt Marc stehen. Er wählt »Provokation« für Donald Trump und erklärt mir, dass die provokativen Haltungen des Vorwahlkampfes bei Trump eine klare Marketingstrategie waren. Seiner Meinung nach steht dahinter das Kalkül eines ganzen PR-Teams.

»It's all planned in the US, believe me!«, sagt er.

Heather, eine Amerikanerin mit griechischen Wurzeln, nimmt sich »Angst« vor. Auch sie redet sofort über Trump.

»Er spielt mit den Ängsten der Menschen.«

Es geht so weiter mit mehreren Passanten, und eins fällt ganz deutlich auf: Donald Trump wird bei dem Großteil der Besucher negativer bewertet als Hillary Clinton, aber es besteht viel größeres Interesse daran, über ihn anstatt über Clinton zu reden. Jedem ist Trump eingebrannt und jeder will etwas über ihn sagen. Hier scheint ein altes Sprichwort aus den Medien zu passen: Auch schlechte Presse ist gute Presse.

Im Endeffekt scheint es wohl in der Wirtschaft, im Showgeschäft und in der Politik am wichtigsten zu sein, dass Leute über einen sprechen, um nach oben zu kommen. Ich verlasse das Anwesen von George Washington, versunken in Gedanken über unsere Politik.

Video-Tagebuch zur Challenge
http://my-challenge-coach.de/blog/3569

TAG 8 – STAAT 13
WEST VIRGINIA, LEFT HAND
2.850 KILOMETER

DER UNGLAUBLICHSTE ZUFALL

Ich wache am nächsten Morgen um 5 Uhr auf meiner Rückbank im tiefsten West Virginia auf. Der Staat ist absolut ländlich geprägt und wirkt durch die Appalachen auf mich sehr abgeschieden. Schmale Landstraßen schlängeln sich durch die Täler des Gebirges. Auch die Orte sind sehr klein. West Virginia erinnert mich an das Eichsfeld, eine ländliche Region in Thüringen.

★
CHALLENGE #13

Finde im Ort Left Hand einen Linkshänder und schreibe mit ihm alle sechs amerikanischen Präsidenten, die Linkshänder waren, mit der rechten Hand auf!

Hier in West Virginia gibt es wirklich den Ort Left Hand, also »Linkshänder«. Es ist ein Minidorf mit ein paar Einwohnern und einer Kirche. Ich bin schon im Morgengrauen um 6 Uhr dort. Tiefer Nebel hängt über dem kleinen Tal, keine Person weit und breit, geschweige denn irgendein Linkshänder. Hat dieser Ort überhaupt einen Einwohner, der Linkshänder ist?

Als ich vor der kleinen Kirche genau diese Frage in meine Kamera spreche, hält auf dem davorliegenden Schotterparkplatz ein Pick-up mit zwei Arbeitern an, die mich beide aus dem Truck heraus anschauen. Ich bekomme ein ungutes Gefühl durch die beiden Typen, die mich im Morgengrauen *in the middle of nowhere* beobachten. Mir bleibt nur die Offensive. Ich trete an den Wagen heran, mache einen auf gute Laune, stelle mich vor und erzähle, dass ich Reisereporter aus Deutschland bin. Beide Arbeiter nicken, erwidern aber nichts. Hier ist definitiv nicht die frühmorgendliche Party am Start, eigentlich auch verständlich. Klinge ich überhaupt glaubwürdig? Die Wahrscheinlichkeit, dass morgens um sechs ein Reisereporter in Left Hand mit einer Kamera Leute begrüßt, dürfte so klein sein wie ein Sechser im Lotto.

Aber ich frage es einfach frei heraus:

»Ist einer von euch beiden zufällig Linkshänder?«

Die Arbeiter schauen mich ernsthaft an und schweigen. Ich bekomme Angst, dass es zum Streit kommt oder sie mich wegen der offensichtlich absurden Frage als verrückt einstufen. Aber nach drei Sekunden Stille geschieht das Unmögliche, der eigentliche Sechser im Lotto wird wahr.

»Ja, ich bin Linkshänder«, sagt der Fahrer des Pick-ups.

Es tritt wieder Stille ein. Wir schauen uns verdutzt an, bis ich schnell erkläre, dass ich mit ihm alle sechs Linkshänder-Präsidenten mit der rechten Hand auf einen Zettel schreiben möchte, um dann schnell in den nächsten Bundesstaat weiterzufahren. Ich füge hinzu, dass ich übrigens selbst Linkshänder bin.

Die beiden Arbeiter schauen sich kurz an, bleiben vollkommen ernst.

»Nee, ich mach nicht mit, das ist echt komisch hier. Und unterschreiben werde ich nichts.«

Der Pick-up verschwindet entlang der sich durch das enge Tal schlängelnden Straße. Ich kann kaum glauben, was gerade passiert ist. Es war der Sechser im Lotto, und der Wind hat mir den Lottoschein weggeblasen.

»Mann, so ein Mist!«, fluche ich auf dem Schotterparkplatz und schaue wegen meiner Ausdrucksweise schuldig zur Kirche rüber. Es ist menschenleer, wahrscheinlich wird der nächste Linkshänder 2050 hier eintreffen, nachdem West Virginia für den chinesischen Tourismus entdeckt wurde.

Ich fahre immer noch im Morgengrauen die Talstraße entlang, bis ich nach 20 Minuten an einer Tankstelle haltmache. Im Tankstellenshop befinden sich Leute, leider aber kein Linkshänder, wie sich auf Nachfrage herausstellt. Auf dem Parkplatz stehen wieder Arbeiter mit Pick-ups voller schwerem Werkzeug. Kein Wunder, hier ist die Holzwirtschaft einer der größten Industriezweige, demnach auch Ausrüstungen wie Sägen, Motorsägen und Äxte. Ich fühle mich nicht ganz wohl dabei, wieder mit dem Linkshänderthema anzukommen, aber was soll ich machen? Challenge ist Challenge, ich muss da durch.

»Moin Leute, einer von euch zufällig Linkshänder?«

Alle fünf hören auf zu reden, schauen mich schweigend an, und es sieht sogar so aus, als würde einem der Arbeiter vor Verwunderung fast der Muffin aus dem Mund fallen. Aber er stellt sich dennoch als James vor. Ich entschuldige mich sofort für die komische Anfrage und versuche die Umstände zu erklären.

»Ja, ich bin Linkshänder«, sagt James dann.

Das nenne ich Glück, wenn man bedenkt, dass im Schnitt nur jeder 8. bis 10. Mensch Linkshänder ist. Aber James winkt schnell ab. Er möchte keine amerikanischen Präsidenten auf einen Zettel schreiben.

Ich schalte in den Challenge-Modus um, denn einen dritten Linkshänder werde ich wohl kaum finden, und biete an, allen Arbeitern Kaffee und Muffins in der Tanke als Dankeschön zu kaufen. James schüttelt den Kopf, aber das Argument zieht bei den anderen Arbeitern, und die stimmen für ihn zu.

James fügt sich und schreibt mit rechts auf: Bill Clinton, Barack Obama und George H. W. Bush.

Ich lege ebenfalls mit der rechten Hand in unglaublicher Krakelschrift nach: James Garfield, Herbert Hoover und Gerald Ford.

Es ist 7.11 Uhr in der Früh und meine Challenge ist bestanden!

Video-Tagebuch zur Challenge
http://my-challenge-coach.de/blog/3582

TAG 8 – STAAT 14
OHIO, AKRON
3.400 KILOMETER

MCDONALD'S-WAHNSINN

Ich komme um 12.30 Uhr mittags ziemlich übermüdet in Akron an. Die Fahrt durch die Berg- und Talstraßen West Virginias hat mich ziemlich geschafft, und seit 5 Uhr in der Früh wach zu sein, ist vielleicht nicht die beste Voraussetzung, um bis spät abends weiterzumachen.

Ich stehe vor einem McDonald's irgendwo im Industriegebiet von Akron. Die Gegend fühlt sich nicht gut an, eher sozial schwach. Typen mit aufgemotzten Autos fahren an mir vorbei, schauen mich kritisch an. Ich habe mir trotzdem die Location ausgesucht, da Ohio und McDonald's eng verbunden sind. Nach einer aktuellen Studie gibt es hier die höchste McDonald's-Dichte ganz Amerikas. 7,1 McDonald's-Filialen kommen in diesem Bundesstaat auf 100.000 Einwohner (USA Today, The states with the most McDonald's, www.seitnotiz.de/WIGGE4).

CHALLENGE #14

Finde jemanden, der täglich bei McDonald's isst und bekehre ihn zu gesundem Essen!

Wow, das wird ein Spaß, total übermüdet ... Ich stehe vor dem großen gelben M der Filiale, circa drei Meter hoch. Passanten gehen vorbei, teilweise mit einer McDonald's-Tüte in der Hand, aus der sie gerade beim Gehen essen. Oder Leute fahren mit ihren Autos vom Parkplatz weg, sich gerade ein paar Pommes in den Mund stopfend oder in der linken Hand das Lenkrad und in der rechten einen Burger haltend.

Ich spreche nach und nach diese Leute an, fühle mich mit meiner Frage zu ihrem Fastfoodkonsum nicht ganz wohl, zumal ich jedes Zusammentreffen gleichzeitig mit meiner Kamera filme.

Die Antworten sind durchgehend entschuldigend oder abwiegelnd:

»Nein, niemals täglich!« Bei *täglich* werden gerade Chickenwings in den Mund geschoben, sodass es mehr nach *tööööglich* klingt.

»Ach, voll die Ausnahme heute, sonst esse ich was Gescheites.«

»Täglich? Neeeeee, das Essen ist doch schlecht! Heute mal ausnahmsweise, wegen Zeitdruck.«

So geht es die ganze Zeit, die Leute fühlen sich regelrecht schuldig, als hätten sie gerade bei McDonald's eingebrochen und das Essen geklaut. Es scheint – bei aller Fastfoodliebe in der Öffentlichkeit – selbst hier ein Makel zu sein, regelmäßig dieses Essen zu konsumieren.

Es vergehen drei Stunden ohne Erfolg. Ich versuche die Stimmung zu heben und meiner Frage einen positiven und erwartungsvollen Ton zu verleihen: »Na, isst du auch täglich bei McDonald's?«

Die Reaktion: Die Passanten fühlen sich von mir eher auf den Arm genommen, schauen schweigend in meine Kamera und fahren dann wortlos weiter.

Meine Erschöpfung wird stärker, schließlich war erst vor acht Stunden die Linkshändersuche in Left Hand. Jetzt bin ich in einem vollkommen anderen Umfeld mit einem vollkommen anderen Thema. Für mich sehr spannend, aber kombiniert mit den langen Fahrten will ich einfach nur noch die Challenge bestehen und den Tag mit der letzten Fahrt ausklingen lassen.

Und da steht sie plötzlich: Micaela, eine Teenagerin aus Ohio. Sie steht auf dem McDonald's-Parkplatz und ich beobachte, wie sie sich gerade genüsslich einen Big Mac in den Mund schiebt, während Salatstückchen und ein Stück Fleisch zu Boden fallen. Das ist McDonald's-Leidenschaft pur, denke ich mir und frage sie nach der Regelmäßigkeit dieser Tätigkeit. Sie schaut mich erschrocken an, den Mund noch voll.

»Vielleicht so fünfmal die Woche oder so.«

Fast! Damit ist sie leider nicht die Person, die ich suche. Ich lege nach:

»Oder doch vielleicht siebenmal die Woche, wenn du genau nachdenkst?«

Sie schaut mich misstrauisch an.

»Nö, fünfmal und nicht mehr.« Dann geht sie weiter, jetzt mit der großen Cola beschäftigt.

Ich kann nicht mehr, will die Challenge hinschmeißen und fühle mich zunehmend gestresst. Einzelne Mitarbeiter der Filiale beobachten mich schon, was ich am Parkplatzeingang mit der Kamera wohl mache. Zum Stressabbau und um weniger aufzufallen, gehe ich in die Filiale und bestelle mir selbst ein Big-Mac-Menü. Wie ironisch, denke ich mir. Ich will jemanden zum gesunden Essen konvertieren und ziehe mir das Zeug jetzt selbst rein.

Mit vollem Bauch stehe ich wieder vor dem großen M und sehe plötzlich Nicole, eine Mutter von drei kleinen Kindern, die auf dem Bürgersteig mit dem Geschreie ihrer Kleinen sichtlich überfordert ist. Sie ist Mitte 20, afroamerikanisch, hat ihr Baby im Arm, ein Kind im Kinderwagen und ein weiteres an der Hand.

Ich entschuldige die Störung in dieser Situation und frage wieder etwas manipulierend, ob Sie eigentlich auch täglich bei McDonald's isst. Dazu grinse ich sie freudig und erwartungsvoll auf die richtige Antwort an.

Sie ist sichtlich verwundert. »Jaja, ist schon lecker da. Ja, so täglich kommt wahrscheinlich hin!«

Ich bin erleichtert, reagiere euphorisch, was sie natürlich überhaupt nicht verstehen kann. Ich erzähle ihr schnell von meiner Challenge, dass sie mir bitte versprechen soll, etwas über Ernährung nachzudenken, und biete ihr aus meinem Van ein paar gesunde Nahrungsmittel an. Sie nimmt ein paar Äpfel und stimmt mir zu. »Klar, nur McDonald's geht auch nicht. Wird alles besser, wenn sich der Stress senkt.«

Wir führen noch ein nettes Schwätzchen über die bunte Lackierung meines Vans und sie verschwindet mit den Kindern im McDonald's-Restaurant.

Egal wie schräg der ganze Nachmittag war, Nicole hat zumindest ein paar Äpfel für die Kinder mitgenommen. Und mir ist schlecht, weil das McDonald's-Menü gleich eine Maxi-Variante war. Ich fahre mit einem schweren Gefühl im Magen, aber trotzdem erleichtert über die Challenge Richtung Norden nach Detroit.

Video-Tagebuch zur Challenge
http://my-challenge-coach.de/blog/3603

TAG 9 – STAAT 15
MICHIGAN, DETROIT
3.780 KILOMETER

IM SCHOCK!

Ich komme noch am Abend in Detroit an. Über die Couchsurfing-Website habe ich Diana als Gastgeberin gefunden, die mich kostenlos in ihrem Gästezimmer übernachten lässt. Diana ist Mitte 40 und hier aufgewachsen. Mit 20 ist sie aber mal nach Kalifornien abgehauen, wie sie mir erzählt. Damals, vor 20 Jahren, war Detroit wohl schon als Problemstadt bekannt. Die ehemalige Autostadt mit General Motors und seinen Zulieferern hatte schon in den 70er-Jahren ihre ersten Krisen durchlebt, als erste Stellen ins Ausland ausgelagert wurden, wo die Arbeitskräfte billiger waren.

»Da wollte man mit 20 nur weg«, erzählt sie mir. Aber sie ist wegen ihrer kranken Mutter wieder zurückgekehrt und wohnt nun an einem kleinen Fluss, der die Grenze zu Kanada bildet. Aus ihrem Wohnzimmerfenster kann man durch das Gebüsch schon das Nachbarland sehen – Kanada.

»Ja, da hinten haben die nicht so eine Mörderquote wie wir – wir hier haben die höchste in Amerika«, erwähnt sie.

Detroits Ruf ist durch den stetigen wirtschaftlichen Abstieg leider immer schlechter geworden. Statistiken besagen, dass hier elfmal so viel gemordet wird wie im übrigen Land. Detroit, einst eine stolze Stadt von zwei Millionen Einwohnern, hat heute gerade mal 700.000 Einwohner. Die Leute sind abgewandert, da die Jobs fehlen. Die Wirtschaftskrise 2008 hat der Stadt wohl den Rest gegeben. Schon beim Reinfahren sind mir die unzähligen heruntergekommenen und leer stehenden Gebäude aufgefallen, selbst mitten in der Innenstadt. So ein Bild ist nicht das, was man gerne aus Hollywood geliefert bekommt, kein buntes Amerika, wo alles *bigger & better* ist.

Diana erzählt mir, dass sie das Haus gerade für 6.000 Dollar gekauft hat. Ich kann es kaum glauben!

»Ja, ein Haus mit Wohnzimmer, Küche, zwei Schlafzimmern und kleinem Garten wird dir in dieser Gegend nachgeschmissen!«

Wie konnte es zu so einem unglaublichen Preisverfall kommen? Am nächsten Tag bekomme ich die Antwort geliefert. Ich fahre durch Stadtteile Detroits, die vollkommen plattgemacht wurden, weil niemand mehr dort wohnen wollte. Bäume wurden gepflanzt, und nun ist da eine Grünfläche, wo einst ein Teil der Stadt war.

Ich bin selbst insgesamt schon in 80 Ländern gewesen, auch in schwierigen Teilen der Welt: Tschernobyl, Naher Osten, gefährliche Metropolen in Südamerika. Aber ich stelle fest, dass Detroit definitiv zu den fünf schwierigsten Orten zählt, die ich besucht habe.

Abends bittet mich Diana, meine Sachen aus dem Van ins Haus zu räumen.

»Sicher ist sicher, der bunte Van fällt für Einbrecher einfach zu sehr auf.«

CHALLENGE #15

Finde heraus, inwiefern Detroit einen politischen Wandel durch die Krise erlebt hat!

Detroit ist traditionell eine Stadt, in der hauptsächlich für die Demokraten gewählt wird. Die Republikaner haben hier eigentlich nie so große Chancen gehabt, da die Bevölkerungsstruktur stark durch die Arbeiterklasse geprägt ist, zu vergleichen mit dem Ruhrgebiet in Deutschland. Aber nach 30 Jahren Dauerkrise, wie wählen die Bewohner heute?

Ich treffe in Downtown als erstes Zoro, ein Mann mittleren Alters, der mir erklärt, dass die Stadt an sich demokratisch geblieben ist, der ganze Bundesstaat Michigan aber einen gewissen Rechtsruck Richtung Republikaner erlebt hat.

Ich treffe Jamy, einen Bauarbeiter, der 37 Jahre alt ist.

»Mein ganzes Leben ist eine Krise, seitdem ich denken kann. Hier ist es nie wirklich besser geworden.«

Tichim, ein Afroamerikaner, der hier auch sein ganzes Leben verbracht hat, meint, dass viele Leute in Detroit politikverdrossen geworden sind.

»Egal ob Demokraten oder Republikaner, helfen können nur wir selbst uns.« Tichim zitiert einen bekannten Satz vom Ex-Präsident John F. Kennedy: »Ask not your country what it can do for you, ask what you can do for your country!« Er unterstreicht, dass man in Wirtschaftkrisen nicht immer der Politik die Schuld geben soll, sondern jeder Einzelne für sein Glück verantwortlich sei.

Mir ist das Kennedy-Zitat während meiner Jahre in den USA schon oft begegnet. Heruntergebrochen betont es nur die Selbstverantwortung des Einzelnen. Ich denke dabei oft an die europäische Mentalität, wo man viel mehr Verantwortung vom Staat erwartet. Im tendenziell neoliberalen Amerika neigt man nicht dazu, darüber zu klagen, dass andere oder der Staat etwas falsch gemacht haben. Ich spüre immer wieder, dass man in Sachen Verantwortung viel mehr auf sich schaut. Nach dem Motto: Du hast die Verantwortung für deine Situation, egal ob du obdachlos oder Millionär bist!

Und diese Haltung hat Auswirkungen. Auf dieser Reise sind mir insgesamt dreimal Situationen aufgefallen, in denen eine sehr verarmte, oftmals obdachlose Person mit einer Person auf der Straße einen Small Talk hielt, die den Eindruck machte, ziemlich wohlhabend zu sein. Durch die Selbstverantwortungshaltung scheint in den USA weniger Neid zu herrschen, mehr Akzeptanz, dass der Eine das hat und der andere eventuell nicht. Ich könnte mir im deutschen Straßenbild nur schwer eine Szene vorstellen, in der ein Typ im 500er Benz einen kleinen Small Talk mit einem Bettler macht (außer vielleicht auf den Kölner Ringen oder dem Kudamm in Berlin). Aber ich sehe so etwas oder Ähnliches immer wieder in den Staaten.

Ich spreche danach mit Zack, der ein Café in Downtown aufgemacht hat. Junge Künstler trinken vor seinem Schaufenster Latte Macchiato und geben ein neues Bild der Stadt ab. Zack erzählt mir, dass die Dumpingpreise dazu geführt haben, dass viele Künstler in die Stadt gezogen sind. Wer will nicht ein Haus für 6.000 Dollar kaufen? Dadurch hat sich wohl eine neue, sehr liberale Szene in Detroit gebildet.

»Künstler wählen traditionell die Demokraten, deshalb ist die Stadt auch während der Krise nie konservativ geworden.«

Ich fahre in einen weiteren Stadtteil Detroits, wo das legendäre Vanity Ballroom Building steht. In den 1930er-Jahren war es die kulturelle Adresse für das betuchte Publikum, heute ist es eine mit Spanplatten verbarrikadierte Ruine. Es ist ein trauriger und erschreckender Anblick, wie so häufig in Detroit.

Vor dem Gebäude treffe ich verschiedene Personen, unter anderem eine Dame, die sich Queen Pino nennt. Ihre politische Antwort ist simpel:

»Egal wie schlecht es uns hier geht, eins steht fest, Detroit hasst Donald Trump.«

Video-Tagebuch zur Challenge
http://my-challenge-coach.de/blog/3611

TAG 10 – STAAT 16
INDIANA, COLUMBUS
4.300 KILOMETER

GESETZESBRECHER!

Interessantes Auf und Ab. Am Anfang meiner Reise bin ich tendenziell Richtung Süden gefahren, dann von Virginia nach Detroit Richtung Norden, und jetzt geht es wieder südwärts. Alles, um auch wirklich alle 50 Staaten auf einer möglichst ökonomischen Route zu bereisen.

In Indiana beginnt für mich der eigentliche Mittlere Westen, die große Region in der Mitte Amerikas, die durch riesige Getreideproduktionen, ländliche Lebensweise und fehlende Gebirge oder Gewässer geprägt ist. Hinzu kommt eine tendenziell konservativere Haltung als in den Großstädten. Indiana wirkt auf mich lieblich. Gemütliche kleinere Städte, Traktoren, die man auf der Landstraße überholt, und definitiv kein Ghetto wie teilweise in Detroit.

Ich bin im Städtchen Columbus und werde heute Nacht im Van auf der Rückbank relativ entspannt schlafen, da ich mal wieder auf einem Walmart-Parkplatz übernachte. Warum das dort so gut ist? Walmart ist in den USA die größte Supermarktkette. Man findet einfach alles in den riesigen Märkten, die oftmals so groß sind, dass ältere, kranke oder übergewichtige Leute einer Art elektronischen Einkaufswagen gestellt bekommen, mit dem sie durch die großen Märkte tuckern können.

Das Schöne an diesen Massenmärkten: 24 Stunden geöffnet, die Parkplätze sind beleuchtet und mit Kameras bewacht. Das macht es relativ sicher, nachts dort zu parken, ohne Angst vor Einbrüchen haben zu müssen. Und ganz toll: Wenn man nachts mal auf Toilette muss, geht man einfach in den hell erleuchteten Walmart und man kauft sich nach dem kleinen Geschäft noch ein Bierchen, um wieder einzuschlafen.

So verbringe ich den Abend vor dem Ins-Bett-Gehen damit, es mir in der Gartenabteilung des Walmarts gemütlich zu machen, und suche mir eine Hollywoodschaukel aus, in der ich mit einer Freundin telefoniere. Kunden gehen an mir vorbei, schauen sich die Gartenmöbel an und bleiben ziemlich unberührt, dass ich die Gartenmöbelabteilung als abendliches Wohnzimmer nutze.

CHALLENGE #16

Breche drei Gesetze Indianas!

Ich habe schon oft von veralteten Gesetzen in diversen amerikanischen Bundesstaaten gehört, die auf Europäer eher verstörend wirken. Indiana scheint nun einer dieser Bundesstaaten zu sein, der solche Gesetze beibehalten hat, obwohl sie total veraltet sind.

In meiner Recherche finde ich drei Indianagesetze, die mich sehr ansprechen:

1. Im Ort Beach Grove ist es heute noch verboten, Wassermelonen in öffentlichen Parks zu essen.

2. In Gainsville ist es untersagt, auf der Hauptstraße mit Licht zu fahren.
3. Im gesamten Bundesstaat Indiana ist es illegal, hinter dem Rücken schlecht über eine Person zu reden.

Also mache ich mich auf, diese drei Gesetze zu brechen. Im Walmart kaufe ich mir eine Melone, setze mich in einen Park, schneide diese in mehrere Teile und esse sie genüsslich. Passanten gehen regungslos an mir vorbei. Kennen sie etwa ihre eigenen Gesetze nicht? Ich verhalte mich schließlich kriminell mit meiner Melone. Ich muss akzeptieren, dass illegales Verhalten in Indiana wohl sehr locker genommen wird.

Dann fahre ich mit dem Van tagsüber durch die Hauptstraße von Gainsville, natürlich mit eingeschalteten Scheinwerfern. Ich bin auf das Schlimmste eingestellt, auch darauf, dass ein Sondereinsatzkommando den Van stürmt und mich wegen der Scheinwerfer zu Boden streckt. Aber auch hier gilt: Gesetzesbrecher kommen problemlos durch.

Also setze ich zur härtesten Straftat an. Ich besuche den Farmers Market von Columbus und sehe eine Verkäuferin an einem Stand. Ich gehe auf sie zu und flüstere: »Der Typ da hinten ist voll komisch, der war wohl auch richtig blöd zu seiner Frau.«

Die junge Frau nimmt es ernst.

»Wirklich?«

Ich lege nach.

»Ja, klar, der macht wohl Dinge, die man sich kaum vorstellen kann.«

Die Amerikanerin mit offenbar chinesischen Wurzeln am Verkaufsstand spricht nicht so gut Englisch und nimmt mir meinen Quatsch ab. Ich muss lachen und löse es auf.

»Sorry, ich hab gerade nur eines der Gesetze hier mit meinem *gossip* gebrochen.«

Die junge Frau versteht, dass es sich hier wohl um ein Nicht-Lästern-Gesetz handeln muss, und fragt mich erschrocken und vollkommen ernst, ob sie nun in mein illegales Verhalten verwickelt ist. Schließlich sei sie Immigrantin und kann sich nichts Illegales erlauben.

Was habe ich hier nur angerichtet, frage ich mich schuldig und beruhige die junge Frau, dass alles nur ein Spaß ohne Konsequenzen war. Ich schließe die Situation mit dem Kommentar ab, dass der Mann da hinten eigentlich ganz nett sei. Sie wirkt erleichtert.

Video-Tagebuch zur Challenge
http://my-challenge-coach.de/blog/3620

TAG 10 – STAAT 17
KENTUCKY, LOUISVILLE
4.700 KILOMETER

DER WRESTLER IN MIR!

Ich fahre weiter Richtung Süden und merke, wie sich die Klimazonen weiter verändern. Während es in Detroit an der kanadischen Grenze noch winterlich kalt war, hatte Indiana angenehme 20 Grad. Auf dem Weg nach Kentucky wird es aber plötzlich schwülwarm. Drei Klimazonen in drei Tagen.

Louisville hat eine Viertelmillion Einwohner und liegt am Ohio River. Zuerst glaube ich, es sei der Mississippi, da er wirklich groß und breit wirkt.

Ich fahre auf den Parkplatz eines Fitnessstudios, um mich im Van mental auf meine nächste Challenge vorzubereiten, die körperlich werden soll. Da ertönt im Radio, dass heute in den USA Muttertag ist, und der Radiosprecher liest eine Statistik vor, nach der ein Durchschnittsbürger jährlich 172,50 US-Dollar für Geschenke zu diesem Anlass ausgibt.

Bin ich eigentlich geizig, frage ich mich still, denn ich gebe weniger aus. Panisch gebe ich bei Google »Durchschnittsausgaben Geschenke Muttertag Deutschland« ein. Ich finde eine Statistik von 2014, die besagt, dass es durchschnittlich 15–20 Euro sind. Kaum zu fassen, dass die Amis im Schnitt zehnmal mehr ausgeben als die Deutschen! Ich bin erleichtert, merke aber auch, wie diese Statistik meine Amerikaerfahrungen der letzten Jahre widerspiegelt. Ich will nicht sagen, die Deutschen sind geizig und die Amis großzügig, aber es gibt grundlegende kulturelle Unterschiede beim Thema Geld. Hier ein paar Beispiele:

Ich habe amerikanischen Freunden mal das deutsche Sprichwort »Wer den Pfennig nicht ehrt, ist des Talers nicht wert« erklärt. Meine Freunde haben gelacht und mir erklärt, dass sie genau anders herum erzogen wurden, nämlich sich bloß nicht mit Pfennigen zu beschäftigen, wenn es schließlich um das große Geld geht. Ich wollte mir in den USA mal ein Portemonnaie mit Kleingeldtaschen kaufen: unmöglich. Fast nirgendwo gibt es das noch, sondern nur Portemonnaies für Scheine und Kreditkarten. Freunde von mir erklärten mir daraufhin, dass man Kleingeld in der Regel nicht aufbewahrt. Zwei Freunde sagten ganz ehrlich, dass sie manches Mal das nervige Kleingeld in der Hosentasche sogar aus dem Fenster schmeißen, schließlich lenkt es nur davon ab, sich um das wirklich große Geld zu kümmern.

Viele USA-Reisende kennen das Thema Trinkgeld bestimmt. Wer nicht 20 Prozent auf den Tisch legt, zählt zu den Geizhälsen. Aber ich merke es auch, wenn ich zu Barbecues gehe. Niemand würde nur den Wein für 3,99 mitbringen. Wirklich, in meiner Erfahrung überschlägt sich JEDER mit Lebensmitteln. Oftmals beobachte ich Freunde, wie sie zum Barbecue Lebensmittel für gut 100 Dollar mitbringen.

Man konsumiert gerne, teilt aber auch gerne, und den deutschen Sparfuchs kennt man hier einfach nicht. Es ist nicht angebracht, den Pfennig umzudrehen und darüber zu diskutieren, ob man gerade viel oder wenig Geld hat. Diese Grundhaltung begründet natürlich auch die hohe Schuldenquote in den USA. Jeder amerikanische Haushalt hat alleine 8.400 US-Dollar Kreditkartenschulden. Jeder US-Bürger hat im Schnitt sechs Kreditkarten (Handelsblatt, US-Verbraucher stecken in der Schuldenfalle, 🗐 www.seitnotiz.de/WIGGE5). Hinzu kommen Autokredite, Hauskredite, Unikredite und Staatschulden. An der Oberfläche merkt man es zuerst gar nicht, weil niemand im Feel Good Talk darüber redet. Aber die Summen sind immens. Allein Hauskredite in den USA betragen eine unvorstellbare Summe von 12 Billionen = 2.000.000.000.000 US-Dollar (CNBC, New York Fed: Household debt at highest level since 2010, 🗐 www.seitnotiz.de/WIGGE6).

Der Konsum fällt mir auch bei Beziehungen und beim Dating auf. Ich höre im Auto immer wieder eine Radiowerbung von einer Juwelierkette. Es geht da um den Valentinstag: Eine Frau bekommt einen Teddybären vom Mann geschenkt, und man hört, wie sie sich durch ihre Reaktion enttäuscht zeigt. Dann kommt der Juwelier ins Spiel und erklärt dem Zuhörer, dass diese Katastrophe wohl nicht mit einem Brillanten aus seinem Geschäft passiert wäre. Die Aussage ist klar: Ein Brilli für 2.000 Dollar rettet die Liebe zu der Angebeteten. Ich habe mal mit ein paar amerikanischen Freunden über dieses Thema geredet, die mir verraten haben, dass ein Ring in einer neuen Beziehung schon gerne gesehen wird, egal wo man finanziell gerade steht.

Ich selbst habe in den letzten Jahren bemerkt, wie sich durch die vielen USA-Aufenthalte schleichend mein Konsumverhalten verändert und ich immer mehr Geld ausgebe, da es sich im amerikanischen Umfeld normal anfühlt.

Noch ganz in Gedanken versunken lasse ich meinen Blick über den Parkplatz des Gyms schweifen. Da sticht mir ein auffälliger Typ ins Auge, der bestimmt 30 Gewichte hinten auf seinen Pickup lädt. Er hat ein Kopftuch über die langen blondierten Haare gebunden, dazu einen blondierten Bart und eine Sonnenbrille auf seiner sonnenstudiogebräunten Nase. Nicht zuletzt durch seine aufgepumpte Statur sieht er Hulk Hogan zum Verwechseln ähnlich. Oder ist er es etwa tatsächlich? Erst vor Kurzem habe ich allerdings gehört, dass der weltberühmte Wrestler eine Unsumme von über 100 Millionen Dollar in einem Rechtsstreit zugestanden bekommen hat. Also ist es wohl eher unwahrscheinlich, dass er selbst die Gewichte auf die Ladefläche hievt. Deshalb lasse ich ihn unbehelligt ziehen. Vermutlich halluziniere ich schon, denn meine nächste Challenge hat auch mit Wrestling zu tun.

★
CHALLENGE #17

Wrestle zu Ehren von Ex-Wrestler und Ex-Präsident Abraham Lincoln in seinem Heimatstaat Kentucky!

Ich lese immer wieder, dass der 16. amerikanische Präsident Abraham Lincoln (Regierungszeit 1861–1865) auch mal Wrestler war. Viele Quellen behaupten sogar, dass seine Mutter ebenfalls eine Wrestlerin war. Wenn ich amerikanische Freunde auf diese Skurrilität anspreche, sagen die meisten ganz trocken: »Jaja, klar, schon mal gehört.«

Abraham Lincoln stammte aus Kentucky, und so wurde ihm hier in Louisville ein Denkmal gebaut. Ich besuche es und sehe einen großen Abraham Lincoln direkt am Ohio River, wie er dort sitzt mit dem Grundgesetz in der Hand und jede Menge bronzener Tafeln neben sich, die die amerikanische Geschichte widerspiegeln. Einige Touristen findet man am Denkmal, ein Ort der eine gewisse Autorität ausstrahlt. Meiner Meinung nach geht man in den USA mit Autoritäten sowieso respektvoller um als in Europa. Der Präsident ist im Alltagsgespräch *the President* und nicht *die Merkel*. Amerikaner schauen auch nicht genervt oder zynisch auf eine Präsidentschaft zurück. Man denke nur an George W. Bush. Mir ist schon bei amerikanischen Freunden ein zynisches Schmunzeln über den Ex-Präsidenten herausgerutscht oder ein abwertender Kommentar. Aber in der Regel geht da niemand mit. Alle wissen, dass die Präsidentschaft schwierig war, und belassen es dabei. Er war Präsident und wird deshalb auch respektiert, keine Scherze.

Ich habe 2013 mal eine Zeitlang in Hawaii gewohnt und dort einen Oldtimer gefahren, den ich George W. genannt hatte, natürlich als Anlehnung an den Ex-Präsidenten. Wenn ich Leuten den Namen verraten habe, bekam ich auch hier nur ernste Minen als Reaktion. Die Parodie auf George W. Bush fand niemand lustig, wohl aus dem gleichen Grund. Seitdem hieß mein Auto nur noch George, politisch neutral.

Bei diesem Respekt vor dem Präsidentenamt kann man sich bestimmt vorstellen, dass es nicht angebracht ist, neben dem Abraham-Lincoln-Denkmal einen Wrestlingkampf zu Ehren seiner Sportskarriere zu starten. Aber was soll ich tun, wenn die Challenge das nun mal so will?

Ich habe keine andere Wahl als auf der Grünfläche neben dem Denkmal Leute dazu anzusprechen. Ich finde Josh und Emily, ein Pärchen Mitte 20, die gerade auf einer Schaukel Händchen halten. Wrestlen wird jetzt bestimmt nicht deren romantisches Thema sein, denke ich mir und frage trotzdem. Und: unglaublich, Josh ist direkt dabei, möchte mit mir unbedingt wrestlen. Emily findet das lustig.

Ich bin erleichtert, dieses Thema so schnell über die Bühne zu bekommen, bevor es am Lincoln-Denkmal zu unangenehmen Reaktionen der Passanten kommt.

Josh und ich gehen auf der Grünfläche in Startpose. Unsere Oberkörper sind zum Angriff gesenkt, breitbeinig stehen wir uns mit ausgestreckten Armen gegenüber.

»Los!«, ruft Emily. Und Josh hat mich schnell im Würgegriff. Ich versuche ihn an den Hüften herumzuziehen, sodass er hinfällt und ich als Gewinner auf ihm liege. Aber da habe ich die Rechnung ohne Josh gemacht. Er drückt mich mit einem mir bislang unbekannten Wrestlinggriff zu Boden, den er als Amerikaner vielleicht durch Abraham Lincolns Wrestlingkarriere kennt und somit mir als Deutschen gegenüber einen Vorteil hat. Kurze Zeit später liege ich auf dem Rücken, Josh auf mir. Der Wrestlingkampf zu Ehren von Abraham Lincoln ist gemacht und verloren!

Nach dem Kampf hole ich mir an einem Stand im Park einen Hotdog und eine Cola. Ein älteres Ehepaar führt diesen mobilen Stand. Greg erklärt mir, dass sie hier das ganze Jahr verkaufen, im Winter dann eben Heißgetränke wie Heiße Schokolade. Greg nennt es Golden Liquid und lacht. Seine Frau stimmt ein und legt nach:

»Ja, die dunkle Goldgrube, Kakao im Winter, einfach super!«

Wir unterhalten uns über das Golden Liquid und über viele andere belanglose Dinge, während ich den Hotdog esse. Es folgen typische Phrasen, die ich fast aus jeder Unterhaltung in Amerika kenne:

»Du bist Deutscher? Wow, Deutschland, ich liebe es! Das beste Land!«

»Ich bin übrigens auch Deutscher, in der fünften Generation oder so.«

»Mein Nachname ist Deutsch: Willersmith. Ist doch Deutsch, oder?«

Und so weiter.

Ich kenne viele Deutsche, die diese Gespräche als oberflächlich oder absurd bezeichnen, weil es hier natürlich nicht um Inhalte geht. Ich finde, in unserer deutschen oder europäischen

Denkweise passt dieses Verhalten auch einfach nicht. Denn ich selbst weiß, dass ich dazu erzogen wurde, Dinge zu besprechen, zu diskutieren und zu verstehen.

Der amerikanische Small Talk bricht alle diese Werte. Aber er hat natürlich seinen Sinn, und ich möchte ihn aus meinem Leben nicht mehr wegdenken. Denn es geht in diesen Gesprächen um das gute Gefühl. Menschen begegnen sich, reden irgendwie drauf los, aber immer mit dem Ziel, den anderen zu bestätigen, eine positive Stimmung in die Runde zu geben, sodass man zufrieden auseinandergeht. Und diese Qualität ist riesig. Wie oft hatte ich in Boulder mal schlechte Laune und bin einfach in den Supermarkt gegangen, ohne etwas zu kaufen, einfach nur, um Feel Good Talk abzuziehen und dann mit guter Laune nach Hause zu gehen.

In diesem Feel Good Talks ist es natürlich absolutes Tabu auf die Frage, wie es läuft, zu antworten: »Heute ist es nicht so gut, scheiß Wetter, mein Rücken tut weh.« Als Deutscher oder Europäer kann man natürlich leicht diesen Fehler machen, da man Fragen wörtlich nimmt. Aber zum Gutdraufsein gehört in diesem Zusammenhang einfach, sich mit Superlativen zu überhäufen. Und es funktioniert! Zum Beispiel habe ich Greg nicht gesagt, dass der Hotdog gut ist, sondern er war natürlich »*the best hot dog ever!*«

Video-Tagebuch zur Challenge
http://my-challenge-coach.de/blog/3626

TAG 11 – STAAT 18
TENNESSEE, NASHVILLE
5.000 KILOMETER

COUNTRYMUSIK BIS ZUM UMFALLEN

Ich fahre weiter Richtung Süden nach Tennessee, mein 18. Staat. Und Tennessee gehört schon offiziell zu den Südstaaten, die alles im Südosten der USA einschließen. Der Ruf der Südstaaten ist, dass sie eher konservativ und geschichtlich von Sklaverei geprägt sind. Auch heute noch sind sie für ihre Abgrenzung bekannt, aber auch für gutes Essen und Gastfreundlichkeit.

Nashville in Tennessee fällt aus diesem Klischee etwas heraus, denn es ist *die* Musikhauptstadt Amerikas. Viele Plattenlabels befinden sich hier. Künstler wie Robert Plant, Kid Rock, Black Eyed Peas, Bon Jovi und Michael Bublé haben ihre Platten hier aufgenommen. Andere Bands wie Kings of Leon, The Black Keys, Michael McDonald, Keb' Mo', Sheryl Crow, Paramore, Hot Chelle Rae und Jack White leben hier sogar.

Und Nashville steht ganz besonders für Countrymusik, ein Musikstil, der es nie so richtig nach Europa geschafft hat, dafür aber in den USA einen umso höheren Kultstatus genießt. Ich habe ab und zu mal in Countrymusik reingehört, finde es aber gewöhnungsbedürftig. Wenn man damit nicht aufwächst, wirkt es einfach komisch.

CHALLENGE #18

Höre dir eine Stunde lang ein Countrykonzert an!

Es ist Sonntag am frühen Morgen, als ich über den legendären Broadway in Nashville gehe. Eine Bar reiht sich an die nächste, Cowboystiefel und Cowboyhüte werden an jeder Ecke verkauft. Ich mache mir zuerst Sorgen, dass ich zu dieser unpartyhaften Zeit kein Live-Countrykonzert finde. Aber vollkommen falsch gedacht. Morgens um zehn stehen Countrysänger in den Livebars und singen für teilweise nur ein oder zwei Gäste. So hart kann das Countrygeschäft sein, wer es schaffen will, muss sich wohl erst mal vor ein paar trüben Tassen hochspielen, bevor es an die Abendveranstaltungen geht.

Ich finde eine Bar, in der die junge Sängerin Amanda Joe sehr engagiert Country vor den besagten zwei Zuschauern spielt. Ich setze mich an die Theke der Countrybar, bestelle mir ein morgendliches Bier und lausche der Musik: Die Zeit läuft!

Neben mir steht Darnell Cowbell, ein Afrokamerikaner um die 50 mit riesigem weißen Cowboyhut und einer Kuhglocke am Gürtel. Er erklärt mir, dass er größter Countryfan sei, und singt zwischen seinen Erklärungen immer wieder mit Amanda Joe mit. Ich finde die Musik an dieser Stelle recht unterhaltsam, die Melodie empfinde ich zumindest als okay, und die Stimmung, die Darnell Cowbell und Amanda Joe ausstrahlen, ist gut.

Nach 15 Minuten wird es aber schon etwas eintönig. Countrymusik ist halt in gewisser Weise auch Folklore, irgendwie die amerikanische Version vom deutschen Schlager. Die Melodien ähneln sich und die Texte erst recht. Darnell Cowbell erklärt mir, dass eigentlich nur über Liebe, Knast und Bier gesungen wird.

»Das, was das Leben halt ausmacht«, sagt er und lacht. Kurz darauf fügt er hinzu: »Ich war echt im Knast. Gut, dass ich raus bin.« Dann singt er laut und euphorisch weiter.

Die Stunde Countrymusik ist halb vorbei, ich bestelle mir sicherheitshalber noch ein Bier. Amanda Joe tut mir an dieser Stelle schon leid. Für zwei Leute immer weiter Stimmung zu machen, muss einfach hart sein, aber wenn irgendein Kulturkreis unterhalten kann, dann wohl die Amis.

Bei allem Respekt für Countrymusik, ich bin froh als die Stunde fast vorbei ist. In Minute 55 ändert sich aber das Stimmungsbild plötzlich, denn eine Gruppe irischer Touristen kommt lautstark grölend in die Bar: alle um die 30, stark alkoholisiert am Vormittag, und mit Feel Good Talk haben sie kulturell rein gar nichts am Hut.

Und so beginnen am frühen Sonntagmorgen kulturelle Missverständnisse zwischen den USA und Europa. Amanda schaltet beim Sichten der Iren sofort auf den typisch amerikanischen Feel Good Talk.

»Oh, Jungs, ihr seid aus Irland, wie wunderschön!«, spricht sie euphorisch durchs Mikro. »Das ist echt das beste Land. Meine Urururgroßmutter kam auch von dort. Ich will euer Land unbedingt besuchen.«

Die angetrunkenen Iren schauen total verwundert auf die Bühne und fragen sich wohl, warum eine unbekannte Person durch ein Mikro so eine Show abzieht und sie damit direkt anspricht. Ihre Reaktion ist dementsprechend:

»Oleeee, Oleeee, Oleeee, Oleeee! Heeyyyyyyyyy, lass uns mit Irland in Ruh, wir sind froh da grad raus zu sein!«

Amanda ist vollkommen irritiert. So eine negative und unhöfliche Antwort ist in der amerikanischen Art der Konversation nicht vorgesehen. Sie versucht die Reaktion zu überspielen:

»Lasst uns auf euren Urlaub einen Trinken. Heee …«

Die irische Männergruppe hat sich an diesem Punkt schon längst von ihr weggedreht, sie haben alle einen Whiskey in der Hand und lassen die Gläser so hart zusammenstoßen, dass ich befürchte, mindestens eins würde zerspringen

Ich beende meinen Countrymusik-Selbstversuch, verlasse nach genau 60 Minuten die Bar und höre Amanda noch von der Bühne rufen:

»Jungs, das war ein Reporter aus Deutschland, cool oder?«

Stille.

Video-Tagebuch zur Challenge
http://my-challenge-coach.de/blog/3641

TAG 12 – STAAT 19
GEORGIA, GAINSVILLE
5.200 KILOMETER

KIKERIKIIIII!

Ich spüre, dass ich durch den sogenannten Bible Belt fahre. Dieser zieht sich entlang des Südostens der USA und ist fast identisch mit der Region der Südstaaten. Der Begriff steht für eine sozial konservative Einstellung der Bürger, geprägt von evangelikalem Protestantismus. Ich sehe am Straßenrand plötzlich auffällig viel Kirchen und große bemalte Häuserwände mit der Aufschrift »Gott ist groß« oder »Gott wird dir den Weg weisen«.

Super, denke ich, auf meiner Reise gibt es noch viel Weg zu weisen. Zufrieden fahre ich nach Gainsville. Diese Stadt wird in vielen Quellen als Hähnchenhauptstadt der USA erwähnt. Im Stadtzentrum steht sogar ein Hähnchendenkmal, um Status und Ruf der Stadt zu unterstreichen. Denn hier im Ort arbeiten 7.500 Leute in der Hähnchenproduktion, und die Hähnchenzucht im gesamten Staat Georgia erreicht im Jahr ein Finanzvolumen von unglaublichen 3 Millarden US-Dollar.

CHALLENGE #19

Esse Hähnchen in Gainsville mit Messer und Gabel!

Das klingt in der Hähnchenhauptstadt Amerikas nach einer relativ leichten Aufgabe, ist es aber nicht. Denn die ganze Hähnchengeschichte geht noch weiter: 1961 wurde das Essen von Hähnchen mit Messer und Gabel offiziell als Straftat ausgeschrieben. Daran lässt sich erkennen, wie ernst es Gainsville mit seinem Status als Chicken Capital schon damals war. Im Jahr 2009 geriet deshalb eine 91-jährige Dame mit dem Gesetz in Konflikt – auch wenn das Ganze eher nach einer touristischen Promoaktion klingt (Gainesville Times, Visitor 'arrested' for eating chicken with fork, ▤ www.seitnotiz.de/WIGGE7).

Wie schon in Indiana gelernt scheinen die Amis darauf zu stehen, absurde Gesetzgebungen zu behalten. Aus deutscher Sicht unvorstellbar, weil man in unserer Kultur ein Gesetz absolut ernst nimmt und es dadurch bestimmt zu schwerwiegenden Missverständnissen kommen würde. Die Amerikaner brauchen anscheinend ab und zu den Schock des absurden Gesetzes als Abwechslung und Unterhaltung.

Ich setze mich in ein Restaurant, bestelle ein Hähnchen, ausdrücklich zusätzlich mit Messer und Gabel, und werde prompt angesprochen von einer jungen Frau am Nachbartisch.

»Also, Messer und Gabel kannst du dir hier sparen«, lacht sie. Ich erzähle ihr von meiner Challenge und dass ich es tun muss, egal ob ich im Ort als komischer Typ angesehen werde.

Kurz danach kommt das Essen. Anscheinend wurde ich missverstanden. Die Kellnerin serviert mir ein Chicken-Sandwich anstatt eines frittierten Hähnchens. Trotzdem hat sie höflich Messer und Gabel dazugelegt, wie ich es gewünscht habe.

Ihr Blick verrät ihre Gedanken. Klar, einen Kunden zu haben, der ein Hähnchen-Sandwich mit Messer und Gabel essen will, ist schon komisch. Aber gemacht werden muss es nun, also schneide ich Stückchen für Stückchen vom Sandwich ab und verzehre es mit Hilfe der Gabel. Dabei komme ich mir reichlich blöd vor. Die junge Frau schmunzelt vor sich hin.

Video-Tagebuch zur Challenge
http://my-challenge-coach.de/blog/3651

TAG 13 – STAAT 20
NORTH CAROLINA, TRYON
5.400 KILOMETER

DIE MINIZEITUNG

Ich habe eine lange Fahrt nach North Carolina vor mir. Es sind ungefähr zehn Stunden bis zur Hauptstadt Charlotte – eine beachtliche Großstadt mit toller Südstaatenarchitektur und Holzhäusern, die sich um eine imposante Downtown ranken.

Die Fahrt dorthin gleicht einer einzigen Party. Ich höre auf der Fahrt die beste Rockmusik der letzten 40 Jahre, von den Rolling Stones über The Who, ein bisschen Guns N' Roses, Led Zeppelin und so weiter. Ich singe laut mit:

> *Welcome to the jungle we've got fun and games*
> *We got everything you want honey, we know the names*
> *We are the people that can find whatever you may need*
> *If you got the money honey we got your disease*
> *In the jungle, welcome to the jungle ...*

Ich glaube, ich bin so gut drauf, weil ich nach der hohen Disziplin der ersten zwei Wochen (20 Staaten, juhu) endlich mal Luft rauslassen muss, einfach mal Action ohne Sinn, Ziel und Zweck. Die lange Fahrt nach North Carolina lässt sich so unglaublich gut überstehen. Ich neige in aller Euphorie sogar dazu, während der Fahrt Luftgitarre zu spielen (das rechte Bein würde nach links hochgeklappt und als Gitarre benutzt werden). Aber ich reiße mich zusammen. Luftgitarrespielen beim Autofahren würde definitiv die letzte Fahrt bedeuten.

Mir kommen wieder die »lebensverlängernden Maßnahmen« in den Sinn. Dadurch, dass ich in diesen zwei Wochen so viel erlebt habe wie sonst in zwei Monaten, kommt mir der Zeitraum auch genauso lange vor wie zwei Monate. Und ich bin mir sicher, würde man immer in so einer hohen Taktung leben, wäre das natürlich vollkommen erschöpfend, und nach 50 Jahren hätte man einfach keine Lust mehr und würde freiwillig den Löffel abgeben, weil es sich anfühlen würde, als hätte man schon 200 Jahre gelebt.

Während einer kurzen Pause am Straßenrand nutze ich meine Couchsurfing-App und schreibe drei Leute in Charlotte an. Nach fünf Minuten kommt schon die Antwort von Olena: »Klar, komm vorbei, ich wohne direkt in Downtown im 27. Stock.«

Wow, was Technologie für Dinge hervorbringt: kurz mal eben im Straßengraben mit dem Smartphone eine kostenlose Übernachtung bei einer netten Frau bekommen. Könnte wirklich schlimmer sein.

Abends erreiche ich Olenas Apartment. Der Blick aus dem 27. Stock ist umwerfend, ich sehe, wie Leute auf dem Dach des Nachbargebäudes Tennis spielen und daneben in einen Pool springen. Olenas Zuhause gehört wohl eher der gehobenen Klasse an. Sie ist 27, kommt ursprünglich aus der Ukraine, und ich habe das Gefühl, dass es irgendwo noch einen wohlhabenden Vater geben muss.

Wir gehen abends feiern, sie zeigt mir die Stadt, wir verfahren uns, wir trinken und dann ist schon wieder Sonnenaufgang. Ich weiß zuerst gar nicht, wo ich bin und wer ich bin, aber ich muss meine Challenge angehen. Also schleppe ich mich aus dem Gebäude. Es gilt keine Zeit zu verlieren.

CHALLENGE #20

Finde die weltweit kleinste Zeitung, den Tryon Daily Bulletin, und lies ihre wichtigste Meldung vor!

Ich lasse den Van erst mal im Parkhaus von Olenas Luxusapartment stehen und hoffe, dass ich die kleinste Zeitung der Welt in der nächsten Tankstelle finde, Meldung vorlesen und weiter nach Süden. Juhuuuu, denke ich. Die Fahrt gestern mit der genialen Stimmung, dann der Partyabend mit Olena, es muss jetzt so weitergehen.

Leider zerstört der Tankstellenangestellte diese Hoffnung.

»Haha, den Tryon Daily Bulletin gibt es wohl nur in Tryon, drei Stunden von hier!«

Wie kann ich nur so unbedacht sein? Klar, die Zeitung heißt Tryon Daily Bulletin, weil sie in der Stadt Tryon herausgebracht wird!

Ich steige in den Van, fahre übermüdet drei Stunden nach Tryon. Keine Party heute, einfach nur fahren.

Tryon ist ein echt schönes Kleinstädtchen. Ich sehe Kunstgalerien, gemütliche Cafés und Touristen, die hier flanieren. Ich laufe die Hauptstraße hoch und runter und finde einen dieser typisch amerikanischen Zeitungsspender. Man schmeißt 50 Cent ein und öffnet eine Klappe, hinter der man viele Zeitungen findet. Aus Ehrlichkeit nimmt man natürlich nur eine heraus. So geschieht es, und ich bin erst mal überrascht: Die Zeitungen im Kasten kommen mir gar nicht so extrem klein vor, ich schätze die Größe auf 20 x 40 Zentimeter. Ich nehme ein Exemplar aus dem Zeitungsspender, und es fühlt sich trotzdem an, als hätte ich einen Schatz gefunden. Stolz gehe ich zur nächsten Sitzbank und trage die Zeitung wie eine Trophäe unter dem Arm.

Als ich mich auf die Bank setze, öffnet sich im Gebäude hinter mir die Tür. Eine Dame stellt sich mir als Claire, Redakteurin des Tryon Daily Bulletin vor. Ich erzähle ihr von meiner Challenge. Sie wirkt ganz begeistert, dass ich als deutscher Reporter der kleinsten Zeitung der Welt Aufmerksamkeit schenke, und lädt mich ins Verlagsbüro ein. Dort zeigt sie mir Zeitungsexemplare aus den 1920er- und 1930er-Jahren, die sogar noch kleiner waren, etwa 15 x 30 Zentimeter. Sie erzählt, dass man die Zeitung irgendwann größer machen musste, weil wirklich kaum Inhalt reingepasst hatte.

Ich frage Sie, warum sie heute die Zeitung nicht in Normalgröße rausbringen, und sie erwidert etwas verlegen, dass der Ort täglich leider nicht mehr als zwei, drei Neuigkeiten zu bieten hätte, daher passe die Größe schon.

Wir gehen zusammen durch die aktuelle Ausgabe und sie berät mich, welches nun die wichtigste Meldung sei: »Polk declares no federal prisoners at new jail«. Die Gefängnisinsassen vom Bund kommen also nicht in den lokalen Knast. Wichtige News! Ich lese sie laut vor und Claire macht noch schnell ein Foto von mir mit der Zusage, dass ich morgen selbst schon die wichtigste Meldung der Zeitung sein könnte.

Video-Tagebuch zur Challenge
http://my-challenge-coach.de/blog/3660

TAG 14 – STAAT 21
SOUTH CAROLINA, WINDSOR CITY
5.900 KILOMETER

TRUMP, DER NACHBAR!

Von North Carolina bis South Carolina dauert es einige Stunden. Ich merke, dass die Fahrt weiter in den Süden und tiefer in die Südstaaten sowohl klimatische als auch kulturelle Veränderungen bringt. Es wird schwülwarm, sodass jede Bewegung bei mir Hitzeattacken auslöst. Und ich spüre, dass bei meinen kurzen Kontakten an Tankstellen und in Restaurants zwar eine große Freundlichkeit herrscht, aber doch die Feel-Good-Gespräche etwas nachlassen. Vielleicht rieche ich auch einfach komisch nach all der Schwitzerei im Van?

Ich erreiche den Trailerpark von Windsor City. Man muss sich amerikanische Trailerparks einfach so vorstellen, dass Menschen in simplen Campinghäuschen wohnen, also schon mehr als ein Wohnwagen, aber weit weniger als das, was wir als Haus bezeichnen würden. Es ist die amerikanische ökonomische Variante des Wohnens für arme Leute, deshalb sind Kameraleute bei den oftmals sozial schwachen Bewohnern nicht gerne gesehen. Ich habe im Vorfeld den Trailerpark-Manager Wayne angerufen und angemeldet, dort etwas filmen zu wollen. Nach vielen Absagen anderer Trailerparks, die keine Lust auf Reporter und teilweise wortlos den Hörer aufgelegt hatten, war Wayne ein wahrer Lichtblick, als er mir mal eben zusagte.

Und Wayne hält sein Wort. Als ich eintreffe, hat er mich sofort auf dem Schirm, und ich sehe in seinem Kalender für heute 10 Uhr »Michael German« stehen.

Diese Verbindlichkeit findet man leider nicht immer in den USA. Oftmals ist es bei einer privaten oder beruflichen Verabredung unbedingt notwendig, kurz vorher noch mal eine Erinnerung zu schicken, damit man nicht plötzlich irgendwo wartet, ohne dass das Gegenüber eintrifft. Mir ist das in den letzten Jahren sehr oft passiert, weil ich es aus Deutschland anders kenne. Eine Vereinbarung zählt und mit Gewissenhaftigkeit wird sich daran gehalten. Der starke Individualismus in der amerikanischen Gesellschaft schwächt meiner Meinung nach die Verbindlichkeit anderen Menschen gegenüber. Es ist akzeptiert, sich kurzfristig anders zu entscheiden. Ich empfinde das als ein ständiges *floating* – man fließt vom einem zum anderen, wenig statisch, heute hier und morgen da. Für Europäer, die in den USA wohnen, ist das oftmals in Bezug auf Freundschaften und Dating schwierig. Das soziale Miteinander ist zwar kommunikativer, offener, positiver, aber auch einfach unverbindlicher.

Ich selbst finde es schwieriger, feste Freundschaften zu bekommen. Es ist ein Kommen und Gehen, aber mit Ausnahmen. Mein Kumpel Bryan aus Vacaville bei San Francisco zum Beispiel ist schon seit 20 Jahren einer meiner besten Freunde.

Das Thema Dating ist wohl nicht viel leichter. Ich habe von einem meiner Coachingkunden kürzlich eine Mail bekommen:

Ich bin Deutscher, der in Amerika lebt, und suche nach einer Frau fürs Leben. Leider ist das durch das sehr relaxte Casual Dating der amerikanischen Frauen sehr schwierig. Ich erlebe oft, dass mir Amerikaner erzählen, Dating sei ein Prozess, der sogar mehrere Jahre gehen kann, bis man sich für eine monogame Beziehung entscheidet. Während des Datings ist man dem Gegenüber zu nichts verpflichtet. Dann tritt aber oftmals der gesellschaftliche Druck ein, der besagt: Frau, Kinder, Hund, zwei Autos, Eigenheim, und es scheint mir so, als wenn viele Leute direkt vom Dating in die Ehe springen. Eine amerikanische Exfreundin von mir (oder war es doch nur Dating?) hat es mal auf den Punkt gebracht, als sie von ihrem Exmann sprach: »Wir waren Anfang 20 im College, es war Dating. Er war süß, mein Partykumpel und mehr. Im letzten Jahr College mit 23 heirateten dann alle, wir also auch, weil es sich so gehört. 10 Jahre später die Scheidung, weil wir kaum zusammengepasst haben. Das konnte ich damals aber nicht wissen.«

Die amerikanische Unverbindlichkeit spiegelt sich auch im Wohnverhalten wieder. Kürzlich kam eine Freundin von mir in Boulder spontan vorbei, alle ihre Klamotten im Auto.

»Ich zieh um, nach Vail. Hab ich mir gestern überlegt. Meld dich mal!« Sie gab mir ein Küsschen und brauste mit dem ganzen Hausstand im Auto ab. Für deutsche Verhältnisse wohl so gut wie undenkbar. Man würde den Umzug planen, ihn im Umfeld ankündigen und wohl nicht den ganzen Krempel ins Auto stopfen und damit weiterbrausen. Hier eine Regelmäßigkeit. Es ist üblich, dass Amerikaner viele Male im Leben spontan umziehen. Freunde von mir sagen oft: »Ich bin in Florida geboren, dann in New York zum College, dann nach Kansas wegen des Jobs, mein Mann ist aus Kalifornien, da bin ich hin, und jetzt wohne ich in Texas.« Häuser werden in den USA auch nicht für eine Ewigkeit gebaut. Es reicht, wenn sie für eine Generation halten. Und da wären wir auch schon wieder zurück beim Thema Trailerpark. Hier halten die Häuser wirklich maximal eine Generation.

Dieses kulturelle Thema der Flexibilität und Unverbindlichkeit hat mich dazu veranlasst, Amerika für mich heimlich das

Follow-up-Land zu nennen. Denn die Unverbindlichkeit erlaubt es jedem Individuum, zu entscheiden, ob es nun heute in seiner Individualität Lust hat, auf eine E-Mail zu antworten, oder nicht. Und im Vergleich zu deutschsprachigen Kulturen hat man oftmals keine Lust zu antworten. Wenn man also etwas von einer Person privat oder beruflich will, gehört es zum Standardprogramm, jede Woche eine höfliche Nachfolge-E-Mail zu schreiben.

Liebste Mary,

ich hoffe, bei Dir läuft alles gut, und Deinen Kindern gefällt es in der Schule noch so, wie Du es kürzlich beschrieben hast.

[Belanglose Einleitung: ein absolutes Muss! Falle niemals mit der Tür ins Haus.]

Ich weiß, Du bist momentan super beschäftigt mit Deinem Job, von daher ist es verständlich, dass Du nicht auf jede E-Mail antworten kannst.

[Verständnis und Dankbarkeit sind wichtige Elemente der amerikanischen Kommunikation. Wer nicht dankbar ist, fällt durch das gesellschaftliche Raster.]

Deshalb wollte ich noch mal höflich nachfragen, ob Du Dir wohl bei Gelegenheit meinen Videotrailer anschauen könntest?

Vielen Dank und Gruß
Wiggy

Seitdem ich auch in den USA arbeite, habe ich bestimmt tausend solcher Follow-up-E-Mails geschrieben. Anfangs hatte ich echt Wut auf die Gesellschaft, da eine Nichtantwort wie eine respektlose Ablehnung rüberkam. Dann habe ich aber verstanden, dass es bei den Amis einfach akzeptiert ist, zu entscheiden, ob man reagiert oder nicht. Oftmals aber heißt es auch: Keine Antwort = Wir sind nicht einer Meinung. Das muss man ebenfalls herausfiltern.

Eine amerikanische Freundin von mir hat es mal erklärt:
»Als ich in der Buchhaltung gearbeitet habe, haben mich manches Mal diese unzähligen E-Mails jeden Morgen genervt. Wenn ich ab und zu keine Lust darauf hatte, habe ich ungelesen 30 oder 40 einfach gelöscht. Bei wichtigen Mails haben die Leute höflich nachgehakt, also Follow-up-E-Mails geschrieben, bei unwichtigen Dingen, habe ich mir die Arbeit erspart.«

Und hier spielt auch rein, dass man keine offene Kritik äußert und deshalb damit durchkommt. In Deutschland erlebe ich dagegen wütende Leute am Telefonhörer: »Warum haben Sie mir schon wieder nicht geantwortet?!?!«

Zurück zum Trailerpark: Wayne erzählt mir, dass er wöchentlich die Polizei im Trailerpark hat, weil irgendjemand ein Drogendelikt begangen oder etwas anderes gemacht hat. Er erzählt mir, dass ein Trailer mit mehreren Zimmern inklusive Grundstück bei ihm 29.000 Dollar und ohne Grundstück 17.000 Dollar kostet. Wow, ein Eigenheim für 15.000 Euro, das ist definitiv nicht schlecht. Zumal ein Trailer, trotz aller Campinganmutung und wackeliger Wände, schon eine Küche, ein Wohnzimmer, oftmals zwei Schlafzimmer und ein kleines Gärtchen zu bieten hat.

»Für Leute, die Schulden haben und unbedingt eine zweite Chance brauchen, ist das hier die amerikanische Lösung«, fügt Wayne hinzu. In einem Land, das über so gut wie kein soziales System verfügt, in dem also kein Wohngeld, kein Hartz 4 (wir Deutschen neigen wohl wirklich zu pragmatischen Namen. Ich möchte auch mal ein Sozialkonzept erfinden, dass dann Wigge 23 heißt) und kaum Arbeitslosengeld zur Verfügung steht, sind Trailerparks eine echte Lösung, bevor man obdachlos auf der Straße sitzt.

Wayne erzählt mir weiter, dass Trailerparks oftmals den Ruf haben, sozial schwach zu sein. Stichworte wie White Trash, also der »weiße Abschaum«, fallen oft in diesem Zusammenhang. Aber Wayne sondert streng aus: Wer straffällig wird, die Unkosten nicht bezahlt oder Probleme macht, fliegt raus. So hat sein Trailerpark wirklich im subtropischen Klima von South Carolina etwas vom Campingplatz an der Adria, zumindest auf den ersten Blick. Auf den zweiten Blick spüre ich, dass es hier dann doch weniger um den Italienurlaub geht.

★
CHALLENGE #21

Finde heraus, warum viele Trailerparkbewohner für Donald Trump wählen!

Ich hatte im Vorfeld der Reise immer wieder davon gehört, dass viele sozial Schwache für Donald Trump wählen würden. Da denke ich doch: Hallo, alles noch okay bei euch? Was haben die Verlierer der Gesellschaft denn mit dem Milliardär aus Manhattan am Hut?

Ich will es wissen, ziehe mit der Kamera durch den Trailerpark und merke, dass hier nicht Erna und Willi aus dem Ruhrgebiet im Italienurlaub auf Campingstühlen ihr Bierchen schlürfen. Die Bewohner des Trailerparks meiden mich sofort, als sie mich sehen. Ich sehe einige Personen, die mich heimlich hinter Gardinen aus ihren Trailern beobachten, und einige Reaktionen auf der Straße sind unfreundlich:

»Frag nicht so komisches Zeug, hau ab!«

Das hätten Erna und Willi wohl anders gehandhabt, wahrscheinlich säße ich jetzt schon mit einem Warsteiner in der Hand neben ihnen und würde Fußball-Liveübertragungen per Satellitenschüssel schauen. Hier wohl nicht.

Mein erster Kontakt ist Tenia. Und sie überrascht mich, denn sie ist Clinton-Anhängerin, weil sie für Frauenrechte steht. Dann treffe ich die beiden Rentner Bob und David, die Trump-Anhänger sind. Bob argumentiert, dass Trump eben ein Geschäftsmann und kein Politiker sei, und dass diese Tatsache die amerikanische Politik gründlich verändern wird.

»Ein Milliardär wie Trump wird uns alle reich machen, er weiß wie man Geld verdient. Amerika wird so stark wachsen wie Trumps Firmen.«

Ich versuche diese Sichtweise zu hinterfragen, indem ich argumentiere, dass ein Staat viel komplexer als eine Firma ist und Dinge sich nicht so leicht übertragen lassen, besonders nicht dann, wenn es um die Armen der Gesellschaft geht.

»Was wird Trump denn für euch tun?«, frage ich.

Bob reagiert gereizt auf meinen Einwand und legt nach:

»Trump ist einer von uns, ich spüre das zum ersten Mal in meinem Leben. Er ist näher an den sozial Schwachen als jeder andere Präsident.«

Ich frage nach, warum er diesen Eindruck hat, zumal ich Trump als Milliardär sehr weit von der Unterschicht entfernt sehe.

»Weil er unsere Sprache spricht, er ist einer von uns.«

An dieser Stelle merke ich, dass das ganze Herumgepoltere und Provozieren von Trump ein unglaublicher Marketingerfolg ist. Während der normale Präsidentschaftskandidat vorgeschriebene Reden hält, die in der Wortwahl stimmen, redet Trump einfach drauf los, entgleist, wirkt teilweise in seiner Art ungebildet und dockt so an einen großen Teil der amerikanischen Bevölkerung an, sodass die Arbeiterklasse und Unterschicht denkt, Trump sei einer von ihnen.

David unterstützt nun Bobs Aussage und geht in seiner Meinung noch viel weiter.

»Donald Trump ist uns so nahe, dass er problemlos in den Trailer nebenan ziehen würde.«

Ich denke das nicht und argumentiere, dass ein Milliardär von der Fifth Avenue wohl kaum in einen Trailerpark nach South Carolina ziehen würde, aber das Image vom polternden Buddy von nebenan, das Trump aufgebaut hat, ist so stark, dass David und Bob sich einfach nicht davon lösen wollen. Ich habe den Eindruck, sie sind feste Trumpwähler, die bereit scheinen, alles mitzumachen, wohl gerade weil sie zum ersten Mal einen Politiker haben, der die Political Correctness über den Haufen geschmissen hat.

Video-Tagebuch zur Challenge
http://my-challenge-coach.de/blog/3676

TAG 15 – STAAT 22
FLORIDA, FERNANDINA BEACH
6.600 KILOMETER

SCHAUKEL IM SWING STATE

Auf Florida freue ich mich! Bei all meinen Amerikareisen war ich irgendwie nie dort. Ist es wirklich so ein schönes Tropenparadies oder doch eher ein überfüllter Ort mit Rentnern und Pauschaltouristen, die nach Disney World wollen?

Ich werde nicht enttäuscht, denn ich komme in Fernandina Beach zum Sonnenuntergang an: unglaubliches Licht, tolle Landschaften, zum ersten Mal auf dieser Reise wirkliche Urlaubsstimmung.

Am nächsten Morgen wache ich auf der Rückbank im Van auf, weil eine Joggerin mein Gefährt als Lehne für ihre Stretchübungen benutzt. Sie sieht aufgrund der getönten Rückscheiben nicht, dass ich direkt hinter der Schreibe liege.

★

CHALLENGE #22

Finde heraus, was ein Swing State ist!

Florida gehört in der amerikanischen Politik zu den sogenannten Swing States. Im Präsidentschaftsrennen 2004 zwischen

George W. Bush und Al Gore hat Florida als Swing State sogar weltweit Schlagzeilen gemacht, weil hier die Wahl entschieden wurde. Aber warum? Was ist denn nun ein Swing State genau?

Als erstes treffe ich Wallace, einen Countrysänger in den Sechzigern, der früh morgens vor einem Café die Sonne genießt.

»Sag mal, was ist denn eigentlich ein Swing State? Europäer kennen den Ausdruck nicht so genau.«

Wallace lacht und erzählt irgendetwas von einem Swingerclub. Am Ende seiner Gags gibt er zu, dass er es einfach nicht weiß.

Dieses Unwissen setzt sich in meinen Begegnungen fort, dafür wird es aber noch unterhaltsamer. Zwei Mädels, Kristal und Carrey, beide Mitte 20, begegnen mir vor einem anderen Café. Sie überlegen kurz.

»Also, das hat was mit Politik zu tun«, sagt Kristal.

Ich stimme ihr zu und frage nach Details.

»Also, irgendwie Politiker auf 'ner Schaukel.«

Swing heißt übersetzt »Schaukel«, aber diese Erklärung ist mir trotzdem neu.

Kurze Zeit später treffe ich James und Brandon, die auf dem Weg zur Arbeit sind. Beide wissen es auch nicht, aber holen ihr Smartphone raus und lesen die Definition aus Wikipedia vor.

»Ein Swing State ist ein lila Staat, also kein blauer oder roter.«

Ich kann dem nicht ganz folgen und treffe nach weiteren Kopfschüttlern Lou, einen Rentner, der sich in Florida niedergelassen hat. Er kennt das Konzept des Swing States und erklärt mir in einfachen Worten, dass sich das amerikanische Wahlsystem vom europäischen wie folgt unterscheidet:

- Es gibt nur zwei Parteien, Demokraten und Republikaner.
- Wer die Stimmenmehrheit in einem der 50 Bundesstaaten hat, bekommt dort alle Stimmen.

- Die Stimmenanzahl in einem Staat hängt von der Einwohnerzahl ab.
- Demokratische Staaten sind blau, republikanische Staaten rot und Staaten, die bis zur letzten Minute keine eindeutige Mehrheit haben, nennt man Swing States, und man gibt ihnen Lila als Farbe.

Daher können Swing States auch in letzter Minute über den Präsidenten oder jetzt die Präsidentin entscheiden. Bei einer knappen Wahl schauen alle darauf, ob ein Swing State wie Florida dieses Jahr blau oder rot wählt. Durch die hohe Einwohnerzahl von 17 Millionen gehen dann auch sehr viele Stimmen ins eine oder andere Lager und können wahlentscheidend sein.

Ich bin froh, mit Lou meine Challenge eindeutig bestanden zu haben, denn es ist nun 9 Uhr in der Früh und die schwüle Hitze setzt ein. Ich spüre, wie Schweißtropfen an meinem Körper herunterfließen, und kann mich immer weniger auf das Thema konzentrieren. Hinzu kommt, dass mir die 12 (!) Fehlaussagen der Passanten immer wieder durch den Kopf gehen. Swingerclub, Politiker auf einer Schaukel, Swinging Sixties – ich habe an diesem Morgen wirklich die absurdesten Antworten bekommen. Politverdrossenheit in den USA scheint ein riesiges Thema zu sein. Kein Wunder, dass nur ungefähr jeder Zweite wählen geht.

Video-Tagebuch zur Challenge
http://my-challenge-coach.de/blog/3682

TAG 16 – STAAT 23
ALABAMA, MOBILE
7.300 KILOMETER

DAS RONALD-REAGAN-HAUS

Die Weiterfahrt nach Alabama bedeutet, am gleichen Tag schlappe 700 Kilometer schnurstracks geradeaus am Golf von Mexiko entlang zu fahren. So eine eintönige Fahrt kann einen auf dumme Gedanken bringen, denn Langeweile und auch ein gewisses Einsamkeitsgefühl kommen auf.

An einer Tankstelle sehe ich eine Frau, die eine Zigarette raucht. Ich habe schon vor Jahren mit dem Rauchen aufgehört, von daher sehe ich eigentlich kaum Gefahr, dass ich wieder anfange. Aber Stress und Langeweile sind eine gefährliche Mischung. Plötzlich erwische ich mich, wie eine Stimme in meinem Kopf sagt: »Rauch doch eine, passend zu diesem coolen Roadtrip und gegen diese Langeweile!« Ich werde schwach, immer nur Kilometer fressen auf einem Freeway, der nur geradeaus geht, ist auch wirklich sehr langweilig. Ja, ich habe mir eine Zigarette verdient.

Als ich schon wie in Hypnose auf dem Weg zum Schalter bin, um eine Schachtel zu kaufen, kommt die Gegenstimme auf: »Bist du bescheuert, nach Jahren wieder mit dem Rauchen anzufangen, nur weil der Freeway 700 Kilometer geradeaus geht?! Das macht doch keinen Sinn! Dann kannst du auch Kokain nehmen, nur weil es regnet!«

Die zweite Stimme in meinem Kopf klingt überzeugend. Natürlich nehme ich kein Kokain aufgrund des Regens, also wird auch nicht geraucht! Aber die Langeweile im Wagen wirkt auf der Weiterfahrt regelrecht erdrückend. Die Lieder im Radio kenne ich mittlerweile alle auswendig und das Spielchen, exakt 75 Meilen pro Stunde auf dem Tacho zu halten, ohne die Tachonadel nur um eine Meile abweichen zu lassen, wird auch irgendwann langweilig. Also fange ich an, SMS an Gott und die Welt zu senden. Genau das sollte man aus Sicherheitsgründen lassen, da SMS-Schreiben und Autofahren eine sehr gefährliche Mischung sein können. Aber ich denke, lieber ein paar Nachrichten zur Ablenkung als wieder Kippen im Mund.

Howdy, Bryan! Rate mal, wo ich gerade Stecke – tief in den Südstaaten! Sag mal, stimmt es, dass Alabama der konservativste Staat Amerikas ist?

CHALLENGE #23

**Finde in Amerikas konservativstem
Staat einen Demokraten!**

Tatsächlich gewinnen die Republikaner hier die Wahl seit Menschengedenken. Vom Swing State ist man hier weit entfernt.

Ich erreiche Mobile, eine Industrie- und Hafenstadt in Alabama, die auf den ersten Blick nicht so einladend wirkt. Zwischen großen Ölraffinerien komme ich mir in der Hitze ziemlich verloren vor.

So mache ich mich schon früh morgens auf in einen Stadtteil Mobiles, der von eleganten Herrenhäusern mit großen weißen Säulen geprägt ist. Hier fühle ich mich sicherer und wohler als in den von der Industrie geprägten Teilen der Stadt. Wie die Passanten wohl reagieren werden, wenn ich sie frage, ob sie liberal sind?

In einer so konservativen Region könnte meine Challenge zum Fiasko werden. Wie einen Demokraten finden, wo es keine Demokraten gibt? Also stelle ich mich auf eine lange Suche ein und erkenne eine junge Frau Ende 20 vor einem dieser tollen Südstaatenhäuser.

»Entschuldige«, rufe ich durch ihren Vorgarten, »du bist nicht zufällig Demokratin?«

Sie schaut mich entsetzt aus der Entfernung an. Was habe ich nur getan? Wird sie jetzt die Polizei rufen?

»Das ist jetzt aber echt ein Zufall. Ich bin sogar sehr liberal eingestellt und wohl die Einzige hier in der Nachbarschaft!«

Ich kann mein Glück kaum fassen und trete an sie heran. Sie stellt sich mir als Timberlou vor und erklärt mir, dass selbst Hillary Clinton für sie zu konservativ sei. Sie gehört zur äußersten Linken Amerikas. Vor dem Haus liegen allerhand Dinge: Hausrat, teilweise sogar Gerümpel, die sie für einen typisch amerikanischen *yard sale* zusammenlegt.

Timberlou erzählt mir, dass es sich mit einer liberalen Haltung in Mobile sehr schwer leben lässt. Sie ist aufgrund ihres Mannes hierher gezogen, empfindet sich aber als Außenseiterin.

»Mein Schwiegervater denkt, ich sei verrückt, wenn ich sage, dass ich die Demokraten wähle. Er wird jedes Mal sauer.«

Sie erklärt mir, dass der historische Ruf der Südstaaten kein aktuelles Klischee ist.

»Ja, die Leute hier sind schon sehr rassistisch. Der Nachbar dahinten würde niemals einen Gärtner einstellen, der schwarz ist.«

Timberlou fällt aus der ordentlichen und konservativen Gesellschaft heraus wie ein bunter Hund. Sie ist Hippie mit bunter Kleidung und angesichts des Hausrats im Vorgarten nicht wirklich ordentlich, was in der Nachbarschaft stark auffällt. Ich frage sie, warum hier in der Region die Leute wohl Trump wählen würden.

»Der Typ ist berühmt. Und das zählt in Amerika. Sei ein Star und gewinne die Wahl. Weißt du eigentlich, dass Ronald Reagan früher in unserem Haus gewohnt hat?«

Ich frage mich, ob ich vielleicht an eine Hochstaplerin gelangt bin. Schließlich ist die Geschichte der einzigen Liberalen in der Nachbarschaft schon außergewöhnlich. Im Haus mit dem ganzen Unrat im Vorgarten wird bestimmt nicht Ronald Reagan gewohnt haben. Also nicke ich freundlich und will mich verabschieden, als das Unglaubliche passiert. Timberlou holt ihr Smartphone heraus und zeigt mir Schwarz-Weiß-Fotos von Ronald Reagan (ja, *der* Ronald Reagan) als Student, wie er hier in einer WG gewohnt hat. Ich erkenne sowohl Reagans Gesicht als jungen Mann als auch das Haus, das damals noch ordentlicher aussah. Ich kann es kaum fassen, tatsächlich Jugendfotos von Ronald Reagan zu sehen, wie er mit seinen Kumpels im Vorgarten posiert. Timberlou lacht.

»Das haut dich wohl um, eine liberale Hippiefrau im Ronald-Reagan-Haus in Alabama.«

Es haut mich wirklich um, in so eine Geschichte zu stapfen. Timberlou führt mich ins Haus. Wir steigen über allerhand Hausrat, um ins Wohnzimmer zu gelangen. Als wir vor dem großen Kamin stehen, zeigt sie mir ein weiteres Schwarz-Weiß-Foto von Ronald Reagan und seinen Kumpels, die alle vor dem Kamin posieren.

»Unglaublich, genau hier wurde vor bestimmt 60 Jahren das Foto aufgenommen«, flüstere ich vor mich hin, als Timberlou erklärt, dass ein Ronald Reagan natürlich im konservativen Süden Amerikas zum College gegangen ist, das hat ihn stark geprägt – auch für seine spätere Präsidentschaft.

Video-Tagebuch zur Challenge
http://my-challenge-coach.de/blog/3688

TAG 16 – STAAT 24
MISSISSIPPI, GULFPORT
8.000 KILOMETER

ZWEI P, VIER S, VIER I

Die Fahrt nach Mississippi ist kurz. Nach nur 90 Minuten werde ich Gulfport erreichen, ebenfalls eine Industrie- und Hafenstadt am Golf von Mexiko. Auf der Fahrt denke ich immer wieder an den lustigen Namen. Wie kann es nur sein, dass Mississippi zwei P, vier S und vier I enthält? Honolulu und Massachusetts sind ähnlich amüsante Namen, kommen meiner Meinung nach aber nicht ganz an Mississippi heran. Das Online-Lexikon erklärt die Herkunft wie folgt:

What does »Mississippi« mean?

The name Mississippi comes from the French »Messipi« – the French rendering of the Anishinaabe (Ojibwe or Algonquin) name for the river, »Misi-ziibi« meaning »Great River«.

So richtig hilft mir das nicht weiter, aber zur Abwechslung auf der Fahrt trägt es definitiv bei.

Mississippi hat neben dem lustigen Namen auch einen Superlativ, nämlich die höchste afroamerikanische Bevölkerung der USA. Jeder dritte Bewohner hier ist schwarz.

CHALLENGE #24

Finde heraus, warum Hillary Clinton die Sympathie vieler schwarzer US-Bürger für sich gewinnen konnte!

In vielen Berichten und Zeitungsartikeln ist mir aufgefallen, dass Hillary Clinton in der schwarzen Bevölkerung Amerikas ziemlich beliebt ist. Wie kann das kommen, zumal das Thema Hautfarbe in den USA immer noch einer wunder Punkt zu sein scheint?

Ich schlendere durch die aufgeheizte Innenstadt von Gulfport und befrage Afroamerikaner, denen ich begegne. Und wirklich alle, die ich treffe, würden für Hillary Clinton stimmen. Die Aussagen sind vielfältig:

»Sie steht für Frauen, und das ist wichtig. Die Hautfarbe spielt da keine Rolle.«

»Wir sind stolz auf Obama als ersten schwarzen Präsidenten. Hillary wird seine Politik weiterführen.«

»Die Minderheiten Amerikas stimmen eher für die Demokraten. Republikaner sind traditionell weiß.«

Nach einer Stunde Straßenumfrage merke ich, dass es Zeit ist, weiterzufahren. Ein Obdachloser, der offensichtlich psychische Probleme hat, schreit über die Straße:

»Du bist voll das Arschloch!«

Ich schaue mich erschrocken um, ob da noch jemand anderes auf der Straße ist, der gemeint sein könnte, aber weit und breit niemand außer mir.

Wow, das ist eine eindeutige Haltung mir gegenüber, denke ich mir und wechsele die Straßenseite, um meine Ruhe vor ihm zu haben. Kurze Zeit später kommt er mir aber auch dorthin nach, mit einem Supermarkteinkaufswagen, den er vor sich herschiebt.

»Ein Arschloch, das bist du wirklich!«

Meint er mich jetzt echt oder ist das ein verwirrter Standardsatz, den er öfter ruft? Ich kann es nicht genau feststellen, entscheide mich aber, mich aus dem Staub zu machen. Stress in irgendeiner Hafenstadt im Süden der USA ist nicht wirklich das, was ich gerade gebrauchen kann, schließlich habe ich nun noch 26 Staaten und 12.000 Kilometer vor mir.

Video-Tagebuch zur Challenge
http://my-challenge-coach.de/blog/3690

TAG 16 – STAAT 25
LOUISIANA, NEW ORLEANS
8.150 KILOMETER

RICHTFEST UND PARTY!

Die Weiterfahrt nach New Orleans dauert keine zwei Stunden. Ich schaffe heute zum zweiten Mal auf dieser Reise ein Triple: drei Staaten auf einmal. 25 Staaten in 16 Tagen, das ist so viel schneller als jemals vorher erwartet. Noch während der Fahrt auf kilometerlangen Autobahnbrücken über dem Golf von Mexiko beschließe ich, meine 50-Tage-50-Staaten-Challenge auf 40 Tage zu drücken. Das klingt an diesem Punkt der Reise machbar, aber die Hälfte der Staaten heißt noch lange nicht die Hälfte der Reise, denn die Staaten im Westen des Landes sind um vieles größer als im Osten und Süden.

In New Orleans fahre ich direkt das Französische Viertel an. Dieses Viertel ist es, das den Touristenbesuch New Orleans ausmacht. Die eindrucksvollen Gebäude mit ihren geschwungenen Balkonen, beeindruckenden Hinterhöfen und Verschnörkelungen sind ein Kulturgemisch aus spanischen, französischen, kreolischen und amerikanischen Einflüssen, wie man es wohl nur hier findet. Dazu kommt ein einzigartiges Party- und Musikzentrum. Aus fast jeder Bar klingt Livemusik von Jazz- und Brassbands, die auch durch die Straßen marschieren. Die Stimmung ist einmalig und viele Besucher kommen wegen der ausschweifenden Partys hierher.

CHALLENGE #25

Lerne innerhalb einer Stunde Trompete zu spielen!

Ich kann leider kein Musikinstrument spielen, von daher ist diese Challenge definitiv eine Herausforderung. Auf meiner Suche nach einer Band mit Trompete treffe ich als erstes zwei Typen, die mittags um 14 Uhr definitiv angetrunken sind.

»Hey, der Typ sucht 'ne Trompete und keine Frau, wie ist der denn drauf?«

Beide lachen laut und imitieren mit ihren Händen eine Trompete, auf der sie spielen. Ich höre ein lautes »Tröterötööööööööööö« und die Typen schwanken lachend weg, während sie zwei Kunststoffbecher mit Bier in einem Zug in sich hineinschütten.

Die Straßen im Französischen Viertel sind schon zur Mittagszeit vollgepackt. Neben den vielen Besuchern kommen mir Händler, Pferdekutschen und immer wieder Musikbands entgegen. Ich habe noch 50 Minuten für meine Trompeten-Challenge. Also, das muss doch möglich sein, denke ich mir. Aber alle Bands, die ich sehe, spielen eher Gitarrenmusik. Trompeten sehe und höre ich nicht. Ist das vielleicht doch kein übliches Musikinstrument in New Orleans?

Ich bin verunsichert, mir rennt die Zeit davon. Nur noch 20 Minuten, dann ist der Countdown abgelaufen. Ich renne durch die Menschenmassen, meine Frage nach einer Trompete löst bei vielen Leuten eher Gelächter und sarkastische Reaktionen aus. Eine Männergruppe zeigt sich gegenseitig auf die Hose: »Der hat 'ne Trompete, die willst du aber nicht sehen!« Andere wiederum machen Witze, indem sie auf ihre eigene Hose zeigen. Ich finde diesen infantilen Männerhumor recht lustig, besonders nach einer gewissen Ernsthaftigkeit, die ich in den letzten 25 Staaten an den Tag legen musste, um alles zu schaffen. Aber ich wundere mich über die Art der Witze, die durch den Alkohol hier wohl verschärft wird. Denn eigentlich sind gewisse Dinge im amerikanischen Humor total tabu.

In den letzten Jahren in den USA habe ich immer wieder gespürt, dass ein paar Gags von mir für die Amis zu scharf sind. Man vermeidet Sarkasmus und Witze auf Kosten anderer. Sexuelle Anspielungen gibt es eher wenig. Man gibt sich in Sachen Humor auf jeden Fall politisch korrekt, ja recht lieb. Deutscher Humor kann böser und gemeiner sein, britischer Humor natürlich sehr schwarz. Die Amis beschränken sich oftmals auf einen harmlosen und moralisch vollkommen vertretbaren Fun-Humor. Als ich vor einigen Tagen in Nashville war, wollte ich Couchsurfing machen. Die Person, die mich aufnehmen wollte, fragte mich per SMS, was meine Challenge in Nashville sei. Ich antwortete:

»Eine Stunde Countrymusik hören, auuuuutsch für das europäische Gehör. ☺«

Ich hatte schon absichtlich den Smiley angeführt, um meine positive Haltung auszudrücken. Aber es war zu viel. Mein Couchsurfingplan war gescheitert. »Sorry, ich hab doch keine Zeit«, hieß es. Die Anspielung, dass Europäer Countrymusik schwierig finden könnten, war zu kritisch, auch als Witz verpackt.

Ich renne im Französischen Viertel immer noch wild umher, nur noch 10 Minuten! Da sehe ich plötzlich drei Typen, etwa Mitte 20, auf dem Bürgersteig sitzend. Ich spreche sie an und sie stellen sich mir als Second Hand Band vor. Und Adam, einer der drei Bandmitglieder, zeigt mir ganz stolz seine Trompete. Kein klassisches Modell, wie ich es aus deutschen Schützenfesten oder aus klassischen Jazzbands kenne, sondern ein Sondermodel, nur etwa 20 Zentimeter lang.

»Kannst du mir beibringen, Trompete zu spielen?«

Adam schaut mich an, überlegt kurz.

»Klar, aber wir drei haben echt sooo Durst in der Hitze.«

Ich laufe hastig in den nächsten Laden, kaufe ein Sixpack Beck's-Bier.

»Hier, Leute, deutsches Bier, das muss schon sein.«

Adam zeigt mir die Trompete und erklärt mir, dass ich die Lippen zusammenpressen muss, um dann durch das Herauspressen von Luft einen Trötton zu erzeugen.

Ich nehme die Trompete und tröte so hinein, wie Adam es mir erklärt hat, aber es kommt nur ein dumpfer Ton heraus.

»Du musst mehr pressen!«

Ich presse die Luft zwischen meinen Lippen durch die Trompete. Der Druck in meinem Kopf steigt, wahrscheinlich bin ich schon hochrot.

Plötzlich ertönt es aus der Trompete laut und deutlich: *Tröööööööööööööööööt!*

Jetzt zeigt mir Adam, wie ich während des Trötens die Ventilknöpfe betätige, um aus dem unstimmigen Sound eine Melodie zu erzeugen. Ich versuche es wieder und wieder, bis plötzlich der lärmende Sound melodieähnlich wird. Ich weiß nicht, wie ich es schaffe, aber plötzlich schauen mich alle drei Bandmitglieder überrascht an und klatschen.

»Du hast es geschafft, das klingt nach was!«

Ich bin vollkommen außer Atem und habe es in letzter Minute geschafft. Es ist 15 Uhr und mein »Arbeitstag« ist vorbei. Schließlich ist Bergfest: Ich habe es geschafft, 25 Staaten! Es gibt wohl keinen besseren Ort als New Orleans, um das Staatenbergfest zu feiern.

Den Rest des Tages ziehe ich durch die Livemusikbars des Französischen Viertels und trinke ein Bier nach dem anderen. Die Stimmung ist herrlich, bis ich gegen 21 Uhr in meinem Van auf einem Parkplatz angetrunken und erschöpft einschlafe.

Doch um 2 Uhr in der Früh ist Schluss mit dem erholsamen Schlaf. Ich höre vor dem Van eine Gruppe von Leuten laut reden und streiten. Sie wissen offenbar nicht, dass sich jemand im Bulli befindet.

»Gib mir die 20 Dollar, den Stoff hab ich dir nicht geschenkt!«

»Du wiiiiiiillst nur Kohle, hau ab!«

»Gib mir das Geld, sonst bist du fällig!«

Die zwei Leute kann ich im Dunkeln kaum erkennen, aber es sind eine Frau und ein Mann, definitiv schon über 40 und eventuell obdachlos, eventuell auch drogenabhängig oder unglaublich betrunken. Der Ton ist rau und ich befürchte, dass es gleich gewalttätig wird. Doch die Situation beruhigt sich, bis sich zwei Stunden später andere Leute am Van einfinden. Ähnliche Szenen spielen sich ab.

Ich kann den Rest der Nacht nicht mehr schlafen, bin morgens um sechs vollkommen gerädert durch einen leichten Kater und starken Schlafmangel. Nicht der beste Start für die zweite Hälfte meiner USA-Challenge.

Video-Tagebuch zur Challenge
http://my-challenge-coach.de/blog/3692

TAG 17 – STAAT 26
ARKANSAS, CRATER OF DIAMONDS STATE PARK
8.900 KILOMETER

DIE SCHATZSUCHE

Die Fahrt nach Arkansas gestaltet sich mühsam. Zum einen sind es über 700 Kilometer, die ich an einem Stück fahre, zum anderen bin ich total Matsche von der Nacht in New Orleans. Übermüdet und mit einem dicken Schädel fahre ich durch den heißen Süden. Ich ziehe mir einen Kaffee nach dem anderen rein, um nicht Gefahr zu laufen, dass mir plötzlich die Augen zufallen.

Nach 400 Kilometern geht es einfach nicht mehr. Ich halte an, gehe hinten im Van an das Spülbecken und werfe mir immer wieder kaltes Wasser ins Gesicht. Im Rückspiegel sehe ich tiefe Ränder unter meinen Augen.

Spät abends habe ich es dann doch noch in ein kleines Dorf neben dem Crater of Diamonds State Park geschafft. Ich esse in einem Restaurant eine Pizza und will mich bei der Kellnerin versichern, ob ich auch richtig bin. Nicht dass ich bei all der Übermüdung auch noch falsch abgebogen bin.

»Sind wir in Arkansas?«, frage ich. Dabei spreche ich Arkansas so aus, wie ich es nach Gefühl im Englischen tun würde, also *Arkänsäs*.

Die Kellnerin schaut mich verdutzt an. Ich wiederhole: »Arkänsas?«

Die Dame zuckt mit den Schultern und versteht mich nicht. Glücklicherweise lese ich kurze Zeit später »Arkansas« auf einem Schild im Restaurant und bin beruhigt. Ob die Kellnerin vielleicht kein Englisch versteht? Oder halluziniere ich schon vor Übermüdung?

Am nächsten Morgen wache ich im Van neben der Pizzeria auf. 9,5 Stunden tiefer Schlaf, ich fühle mich wie neu geboren. Mannomann, war ich gestern kaputt. Ich konnte noch nicht mal ein Gespräch mit der Kellnerin führen, denke ich, während ich mir in einer Tankstellen einen XXL-Kaffee hole (in den USA fast 1 Liter). Beim Kaffeekauf geschieht natürlich wieder der typisch amerikanische Feel Good Talk.

»Wo bist du her? Aus Deutschland? Super cool!«

»Und wie läuft es bei euch in Arkansas?«

Genau hier bricht der Small Talk wieder ab und die Bedienung schweigt. Was mache ich nur falsch? Wir sind doch in Arkansas! Oder doch nicht? Ich bin total verunsichert. Vielleicht bin ich ja schon in Texas und man sieht Arkansas als eine Art Beleidigung an.

»Wir sind hier doch in *Arkänsäs,* oder?«, frage ich.

Die Dame an der Tanke grinst freundlich und sagt: »Leider nein.«

Ich bin total schockiert, mich verfahren zu haben. Solche übermüdeten Fahrten sollte ich echt vermeiden. Aber dann höre ich, wo wir sind: in *Arkänsooor!*

Man spricht Kansas zwar wie *Känsäs* aus, aber Arkansas wie Arkänsoooor! Das hatte ich nach all den Jahren in den Staaten nie gemerkt.

Wenig später stehe ich an der Kasse der Diamantenmine. Sie ist die einzige öffentliche Diamantenmine in den USA und die achtgrößte der Welt. Seit der Entdeckung dieses Ortes wurden hier 25.000 Diamanten gefunden, durchschnittlich zwei Diamanten am Tag, und das alles von Besuchern.

Ich bekomme eine Diamantensuchausrüstung: ein Sieb, eine Schüppe, einige Eimer und so weiter. Plötzlich stehe ich in einem riesigen Krater, der mich verdächtig an den Mond erinnert. Hier wurde schon sehr viel umgegraben. Der komplette Krater sieht aus wie nach einem Angriff der Killerwühlmäuse.

CHALLENGE #26

Finde einen Diamanten im Crater of Diamonds State Park!

Also, wo soll ich nun anfangen? Irgendwo im Krater, wo bestimmt schon tausende von Leuten vor mir gesucht haben? Da ich eh keine Ahnung von der Diamantensuche habe, gehe ich an den Rand des Kraters. Vielleicht bringt es ja was. Ich schüppe einen Haufen Steine und Erde weg, schmeiße etwas Erde ins Sieb, schüttele es durch und übrig bleibt gar nichts. Alles ist hindurch gefallen. Ich schaue mit dem bloßen Auge auf dem Boden herum. Aber Diamanten sehe ich keine, nichts funkelt, nichts blinkt.

Lustlos mache ich weiter. Erdklumpen ins Sieb, Herumgewühle zwischen Steinen und immer so weiter. Ich merke, dass ich selbst nicht an mein Glück glaube und nicht so richtig Leidenschaft für diese Tätigkeit entwickele.

Also statte ich den vielen anderen Diamantensuchern einen Besuch ab. Ich treffe Russel und seine Frau, die gerade leidenschaftlich wühlen.

»Sagt mal, klappt das hier wirklich? Ich kann es nicht so ganz glauben.«

Russell schaut zu mir hoch, unterbricht den Diamantenwühlvorgang und sagt mit ruhiger, aber sehr bestimmter Stimme:

»In den letzten 12 Jahren haben meine Frau und ich 23 Diamanten gefunden.«

Er schaut wieder auf den Grund und buddelt weiter. Ich fühle mich wie ein Idiot, so unwissend und zweifelnd daherzukommen. Das hier muss wirklich die reinste Goldgrube sein. Überall fallen mir nun Leute auf, die buddeln, als müssten sie einen Schatz schnell vor eintreffenden Seeräubern sichern.

Russell wendet sich trotz der regen Aktivitäten noch einmal kurz zu mir. Er hält mir die Hand seiner Frau entgegen, die einen Ring mit einem Diamanten trägt.

»Schau mal, der ist 2.000 Dollar wert. Selbst gefunden!«

Ich wühle weiter, denn die Challenge muss zu bestehen sein bei all diesen Erfolgsstorys um mich herum. Aber es vergehen Stunden, ich habe massenweise Erde unter den Fingernägeln, das drückt und tut weh und mein Ergebnis ist mager: eine AA-Batterie, die zwar glänzt, aber wertlos ist!

Ich gebe ungern Herausforderungen auf, irgendwie muss immer ein Ergebnis her. Aber die ganze Schatzsuchnummer ist nicht meins. Ich weiß das so genau, weil Boulder ein Goldgebiet ist. Am Wochenende strömen Familien aus Denver in die Berge und graben die Bergflüsschen regelrecht um. Viele finden Goldstaub oder kleine Goldnuggets. Die ersten Monate in Boulder habe ich da natürlich mitgemacht. Je mehr ich gesucht habe, desto weniger habe ich gefunden.

Video-Tagebuch zur Challenge
http://my-challenge-coach.de/blog/3694

Meine Reiseroute – 20.000 km mit dem Van

Wer hat wohl mehr Pferdestärken? – Besuch bei den Amish People in Pennsylvania

Wigge-Van in Neuengland

University of Delaware

On tour

Trauriges Stadtbild von Detroit

Fernandina Beach in Florida – so hübsch, wie ich es mir vorgestellt habe

Marching Band in New Orleans, passend zu meiner Trompetenchallenge

Der größte Schnurballen der Welt in Kansas

Dokumentation meiner Rückwärtsschreib- und Lese-Challenge in Iowa

1. Barack Obama
2. Bill Clinton
3. George Bush Senior
4. Gerald Ford
5. Herbert Hoover
6. James Garfield

Stoppschild in Iowa überfahren: 200 $ Strafe!

Hillary-Fans bei der Spendengala in Chicago

Bilderschau bei meinem Treffen mit einer alten Bekannten von Hillary Clinton in Park Ridge

Es gibt Besseres: Schlafen auf der Rückbank meines Vans

North Dakota!

Posing vorm Mount Rushmore in South Dakota

Montana, ein geschlengelter Traum!

Stau war mein größter Feind

Der beste Sonnenuntergang am Devils Tower, Wyoming

Kurz vor dem Yellowstone National Park

Bisons stören meine Challenge im Yellowstone

Ich werde Mormone in Salt Lake City!

DAS BUCH MORMON

EIN WEITERER ZEUGE FÜR JESUS CHRISTUS

Colorado: Meine Freunde stopfen fleißig während meiner Abnehmchallenge

USA, USA, USA – und ich mittendrin

Fertig mit der Welt nach meiner Sprintchallenge im Grand Canyon, Arizona

Der Grand Canyon – so toll!

Auch nach dem Selbstversuch kann ich die amerikanische Waffeneuphorie nicht verstehen

Meine Glücksspiel-Challenge in Las Vegas

Merchandising bei einer Wahlkampfveranstaltung von Donald Trump in Sacramento

Unglaublich, aber wahr: mexikanische Einwanderer feiern Trump

Meine Challenge: Berühre Donald Trump!

Kalt, aber nicht klebrig: meine Gletscher-Challenge in Alaska

Finally: Mein Toast Hawaii in Honolulu

TAG 18 – STAAT 27
TEXAS, TEXANA
9.000 KILOMETER

DEUTSCHER REDNECK BIS ZUM SONNENBRAND

Westlich von Arkansas liegt Texas, der zweitgrößte Staat der USA nach Alaska und doppelt so groß wie Deutschland. Ich weiß, dass dieser Staat zeitlich meine ganze 50-states-in-50-days-Challenge kaputt machen könnte. Deshalb wende ich hier einen Pragmatismus der besonderen Art an. Direkt an der Grenze von Texas nach Arkansas liegt die Stadt Texana. Meiner Meinung nach könnte das wohl kaum texanischer klingen, und ich muss nur kurz an die Staatengrenze fahren, denn dort stehen das Ortsschild von Texana und das Bundesstaatenbegrüßungsschild von Texas praktisch nebeneinander.

CHALLENGE #27

Werde zum deutschen Redneck!

Redneck ist in den USA eine abfällige Bezeichnung für arme Weiße vom Land, insbesondere aus den Südstaaten. Übersetzt bedeutet sie »roter Nacken« und stammt tatsächlich daher, dass die Arbeiter den ganzen Tag in der Sonne geschuftet haben und sich so den Nacken verbrannten. Heutzutage werden Personen als Rednecks bezeichnet, die eine niedrige Bildung haben und eher prollig mit großem Pick-up daherkommen.

Also, ich mache es denn Rednecks nach. Zwar ohne harte Landarbeit, aber mit viel Sonne im Nacken. Dafür stelle ich mich vor das große Begrüßungsschild von Texas und die dazugehörige Karte des Bundesstaates und drehe meinen Nacken in die Sonne.

Zum Glück scheint die Sonne in den Südstaaten ziemlich stark, sodass es wohl nicht allzu lange dauern wird. Aber nach 15 Minuten langweiligem Herumstehen mit gesenktem Kopf tut sich nichts. Mit dem aufklappbaren Bildschirm meiner Videokamera kann ich in der richtigen Pose meinen Nacken sehen, und er ist genauso weiß wie vorher. Also stehe ich weitere 20 Minuten in der Sonne, überprüfe wieder und kann lediglich eine leichte Rötung feststellen.

Wahrscheinlich würde sich jeder Redneck über meinen weißen Nacken kaputtlachen, denke ich frustriert und helfe nach. Ich reibe mit der Handfläche meinen Nacken, bis er so richtig heiß wird und wehtut. Es ist eine unangenehme Prozedur, aber immer noch besser als mehrere Stunden mit gesenktem Kopf vor dem Willkommensschild von Texas zu stehen und Touristen zu irritieren, die wahrscheinlich denken, dass ich ein religiöses Ritual ausführe. Also stehe ich weitere 15 Minuten dort, Nacken in der Sonne und immer wieder reiben mit der Handfläche, solange, bis mich der Schmerz zu einem wirklich ungemütlichen Redneck werden lässt.

Ich fühle mich ziemlich schlecht durch den brennenden Nacken. Also beende ich meine Sonnenkur und spreche ein paar Damen an, die gerade in ein Auto steigen wollen. Sie sind zunächst misstrauisch, aber in Anbetracht meines total roten

Nackens und der Frage, ob ich als echter deutscher Redneck durchgehe, brechen sie in lautes Gelächter aus. »Ja, du bist definitiv qualifiziert, du darfst jetzt nach Texas einreisen!«

Die Frauen verschwinden im Auto, ich höre selbst noch hinter geschlossener Tür ihr Gelächter. Diese Challenge habe ich wohl wirklich bestanden. Und irgendwie bin ich auch beruhigt, wenn ich über das Thema Amerikaner und Humor nachdenke. Wie schon erwähnt hält man sich politisch korrekt, bloß nicht gemein oder zu scharf in seinem Humor herüberkommen. So eine Redneck-Parodie zu machen, könnte einzelnen Leuten aufstoßen, denn dieser Begriff wird schließlich für eine bestimmte Gesellschaftsschicht genutzt.

Dass die Aktion nicht von allen so freudig aufgenommen wird wie von den beiden Frauen, spüre ich auf der Weiterfahrt, als ich mit einer amerikanischen Freundin aus Kalifornien telefoniere. Sie hat eigentlich sehr viel Humor, wir lachen häufig zusammen über das eine oder andere, Gags sind Teil unserer Beziehung. Aber als ich ihr vom roten Nacken erzähle, verstummt sie.

»Ist alles okay? Du bist so ruhig.«

Es dauert kurz, bis sie antwortet.

»Also, warum hast du das mit dem roten Nacken gemacht?«

»Naja, ich bin jetzt German Redneck, ist doch nicht böse gemeint.«

»Okay, das sind aber Menschen, die finanziell oftmals nicht gut dastehen. Ich hoffe, du weißt das.«

Ich mache mir noch lange über meinen Humor Gedanken, zumal ich eigentlich nie wirklich böse Witze auf Kosten anderer mache. Hier habe ich aber wohl kulturell etwas übersehen.

Video-Tagebuch zur Challenge
http://my-challenge-coach.de/blog/3696

TAG 18 – STAAT 28
OKLAHOMA, SEMINOLE
9.200 KILOMETER

ÖL VS. SOLARKRAFT

Meine nächste Station ist das Ölmuseum in Seminola im Bundesstaat Oklahoma, der als Ölstaat bekannt ist.

Seminola hat eine lange Öl-Geschichte. Mitte des 19. Jahrhunderts wurde hier das erste Öl gefunden und schon Anfang des 20. Jahrhunderts war Oklahoma der Staat mit der höchsten Ölforderung in den USA, bis es ab 1930 wieder bergab ging. Deshalb gibt es heute das Ölmuseum in Seminola, um an die glorreichen Zeiten zu erinnern. Ich lese auf meinem Smartphone, dass das Museum nur bis 17 Uhr auf hat. Das könnte ich schaffen, wenn ich richtig Gas gebe. Den Staat möchte ich am liebsten heute noch abhaken und weiterfahren. Aber schnelles Fahren ist nicht ungefährlich in Oklahoma. Der Staat gilt als besonders streng, was die Gesetze betrifft. Ich sehe große Schilder am Straßenrand: »Tough Penalty if faster than 75«. Wer rast, bekommt hier wohl so richtig einen drauf.

Unterwegs fahre ich an noch produzierenden Ölförderanlagen vorbei. Die aktiven Ölpumpen wirken wie ein Relikt aus alter Zeit, als wäre ich in eine Zeitmaschine gestiegen. Fotos und Filmaufnahmen hiervor dauern natürlich. Also fahre ich weiter zum Ölmuseum – mit mindestens 20 Kilometern pro Stunde mehr als ich darf.

Ich schaue immer wieder auf das Navi, bis es sagt, dass ich um 16.59 Uhr eintreffe. So ist es auch, ich renne vom Parkplatz zum Eingang und sehe ein großes Schild: »Closed«. Was soll das denn? Ich schaue am Schild hoch und runter und lese, dass das Museum sonntags geschlossen ist. Seit Tagen und Wochen habe ich mich nicht mehr mit Wochentagen auseinandergesetzt. Sie spielen auf dieser Reise einfach keine Rolle. Großer Fehler, denn heute ist tatsächlich Sonntag.

Ich verliere nun Zeit, um ins Museum zu gehen, wenn ich nicht an diesem Tag einfach heimlich reingehe. Nach dem Schnellfahren begehe ich nun den zweiten Gesetzesbruch. Wie gesagt, in Oklahoma kann das schnell zu harten Strafen führen.

Ein Teil des Ölmuseums ist ein Freilichtmuseum, also außerhalb des eigentlichen Museumsgebäudes. Das Gelände ist aber eindeutig beschildert: »Draußen bleiben« und »Unbefugter Zutritt verboten«. Und auch mit: »Es drohen bei Zuwiderhandlung harte Strafen«.

CHALLENGE #28

Hinterlasse im Ölmuseum den Schriftzug »Solar Power Rocks«!

»Solar Power Rocks« will ich als umweltfreundliches Statement graffitimäßig im Ölmuseum hinterlassen. Der Spruch heißt so viel wie »Solarenergie rockt!«, und ich will damit zeigen, dass die Zukunft der Energieerzeugung wohl mehr in erneuerbaren Energien anstatt beim Öl liegt.

Diese Challenge bedeutet dann wohl gleich die dritte illegale Handlung des Tages. Ich denke, so ein Schriftzug im Ölmuseum bedeutet im oklahomischen Strafrecht Vandalismus. Oder es fällt unter das oklahomische Graffiti-Strafrecht. Lustig wird das keiner finden, aber die Challenge muss ja irgendwie erledigt werden. Mir bleibt nichts anderes übrig.

Ich hole einen schwarzen Textmarker aus dem Van und schleiche mich auf die große Grünfläche hinter dem Museumsgebäude. Dort sehe ich große historische Ölfördermasten, alte Löschfahrzeuge, Ölschläuche und anderes Werkzeug, das zur Ölförderung diente. Am Ende des Grundstücks befindet sich ein Holzschuppen mit Maschinen aus dem 19. Jahrhundert, die ebenfalls den Förderprozess unterstützten.

Ich betrete den Schuppen (Hausfriedensbruch im oklahomischen Strafrecht) und fühle mich dort erst mal unbeobachtet. Auf dem Boden liegt eine große Holzplatte, mein Herz fängt vor Aufregung an zu rasen, ich nehme den Textmarker und beschrifte die Platte:

SOLAR POWER ROCKS!

Das Statement dürfte wohl allen in Erinnerung bleiben. Ich fühle neben der Aufregung und der Angst, erwischt zu werden, auch etwas Heroisches. Der Einsatz für die Sonnenenergie, toll. Weg mit dem Öl und dem Schmutz! Wind und Sonne, juhuuu!

Ich schleiche mich vom Grundstück und sitze zufrieden im Van. Challenge geschafft! Da kommt eine weitere Angst auf. Was, wenn das irgendjemand später auf meinen Blogs sieht, es dem Museum weiterleitet und ich dann wirklich bestraft werde? Mich würde es in den USA ehrlich gesagt nicht wundern.

Ich mache mir wirklich Sorgen und hole hinten aus dem Van einen Putzlappen und ein Antifleckenmittel, das ich aus Deutschland mitgenommen habe, da ich ab und zu beim Essen kleckere. Also schleiche ich mich zurück, noch mal über das Gelände und wieder in den alten Holzschuppen. Ich tröpfele das Fleckenmittel auf die große Platte und reibe es wie ein Verrückter heraus, so lange, bis der heroische Schriftzug für den guten Zweck weg ist. Mein Herz rast wieder. Was soll ich sagen, wenn mich jetzt die Polizei erwischt? Ich habe das Museum beschmiert und dann aus Angst mit deutschem Fleckenmittel alles wieder entfernt? Wahrscheinlich würde ich dafür wegen Unmännlichkeit vom oklahomischen Strafgesetz doppelt und dreifach bestraft.

Zurück am Van geht es mir besser. Das Ölmuseum hatte seine Solarkraftnachricht zumindest für zehn Minuten!

Video-Tagebuch zur Challenge
http://my-challenge-coach.de/blog/3699

TAG 19 – STAAT 29
KANSAS, CAWKER CITY
9.500 KILOMETER

DER WELTGRÖSSTE SCHNURBALLEN

Ich wache morgens im Van hinter einer Tankstelle auf, hole mir wie gewohnt einen Kaffee an der Tankstelle, setze mich wieder in den Van, checke E-Mails, schaue mir die Reiseroute an und steige wieder aus für den zweiten Kaffee. Da merke ich beim Aussteigen, wie mich die Tankstellenangestellte durch die Jalousien an ihrem Fenster heimlich beobachtet. Ich sehe durch die Jalousienritzen ihre beiden Augen, die plötzlich verschwinden, als sie meine Blicke erkennt. Was ist denn hier los? Ich habe doch nichts Falsches getan!

Beim zweiten Kaffeekauf spüre ich eine unangenehme Stimmung zwischen ihr und mir. Zurück im Van halte ich das Fenster der Tankstelle immer wieder im Auge und erwische sie ein zweites Mal.

Um Probleme zu vermeiden, fahre ich weiter, denke mir aber, dass ein bunter Van mit einem Ausländer frühmorgens hinter der Tanke im Mittleren Westen Amerikas durchaus ungewöhnlich und auffällig erscheinen kann. Der Mittlere Westen zählt immerhin zu den bäuerlich geprägten Regionen und gilt als recht konservativ, nicht als multikulturell wie die Großstädte und Küstenregionen der USA.

Meine Kilometeranzeige springt auf der Weiterfahrt genau auf 6.000 Meilen, also gute 9.500 Kilometer. Ich bin zufrieden über meine Leistung der letzten drei Wochen.

Leider erlebe ich den Bundesstaat Kansas als ein einziges Regenloch. Vom Eintritt an der südlichen Staatengrenze bis zum Verlassen im Nordosten nach Missouri regnet es wie aus Eimern. Teilweise kann ich auf dem Freeway keine 20 Meter weit schauen, im Van ist es laut wie in einem Kohlekraftwerk (ich war noch nie in einem ... Ist doch laut dort, oder?), sodass die Fahrt durch die Mitte der USA sehr anstrengend wird.

Ich halte in dem kleinen Ort Cawker City, dessen einzige Attraktion der weltgrößte Schnurballen ist. Das Gebilde ist 2,50 Meter hoch und besteht aus 2.500 Kilometern Schnur. Angeblich hatte ein Bauer 1953 diesen Schnurballen gestartet, weil er zu viel Schnur hatte. Beim Anblick von Cawker City, einem Midwest-Örtchen mit einer großen und leeren Durchgangsstraße, frage ich mich, ob dem Bauern nicht einfach mega langweilig war.

Übrigens: Der Bindfaden, aus dem dieser große Ballen gemacht ist, nennt sich Sisal. Sisal ist eine Pflanze, die in Mexiko, Brasilien und Tansania angebaut wird. Neben Europa war Amerikaner der größte Abnehmermarkt für Sisal.

Sisal ist so stark, dass es sogar als Grundlage für Stahldrähte für Aufzüge genutzt wurde. Und in der amerikanischen Landwirtschaft ging ohne Sisal nichts, bis es von Polypropylenen – Kunststoffen – abgelöst wurde. Also, es wird immer schwerer, Sisalfaden für den größten aller Schnurrballen zu finden!

CHALLENGE #29

Mache den größten Schnurballen der Welt noch größer!

Ich renne durch den strömenden Regen über die leere Hauptstraße zu einem Hardwarestore und kaufe 60 Meter Schnur. Diese wickele ich etwa zehnmal um den Schnurballen, um meine Challenge schnell zu bestehen. Doch meine Schnur ist weiß und der Schnurballen eher gelbbraun. Habe ich etwas getan, dass ein 60 Jahre altes Meisterwerk verschandelt hat? Ich renne wieder über die Hauptstraße, um mich zu vergewissern. Eine ältere Dame steht vor dem Ball of Twine Inn, dem »Schnurballenhotel«. Doch sie gibt Entwarnung: Alle Farben sind erlaubt und sie würden sich durch die Wettereinflüsse bald farblich anpassen.

Video-Tagebuch zur Challenge
http://my-challenge-coach.de/blog/3791

TAG 20 – STAAT 30
MISSOURI, KANSAS CITY
10.000 KILOMETER

DER ORT IM FALSCHEN STAAT

Ich erreiche Kansas City im Bundesstaat Missouri. Leider regnet es immer noch in Strömen.

Die Grenze nach Kansas geht genau durch Kansas City, wobei der Hauptteil der Stadt in Missouri liegt. Aber warum nennt man die Stadt denn dann nicht Missouri City? Und warum ist der Staat Kansas nach einer Stadt benannt, die in Missouri liegt?

Es ist ungefähr so, also würde man das Bundesland Berlin verlassen und plötzlich kommt irgendwo in Brandenburg ein riesiges Berlin auf dich zu, wo alle Bürger sagen:

»Wie, du bist verwirrt? Können wir ja gar nicht verstehen.«

Ich habe selbst die Erfahrung gemacht, denn vor einem halben Jahr habe ich hier eine Freundin besucht, die immer nur die Achseln gezuckt hat, wenn ich beschrieben habe, dass ich diese Kansas-nicht-gleich-Kansas-City-Situation lustig finde. Sie meinte immer nur: »Ist doch normal.«

Von wegen normal! Ich bin gespannt, ob ich jemanden finden kann, dem es ähnlich wie mir geht und der mir dieses Paradoxon endlich mal erklären kann.

CHALLENGE #30

Finde heraus, warum Kansas City nicht in Kansas liegt!

Ich parke den Van in der Downtown von Kansas City zwischen ehrwürdigen Hochhäusern mit bis zu 30 Stockwerken und suche verzweifelt unter einem Schirm Passanten, die es aber kaum gibt. Und wenn doch, dann haben sie keine Lust, mit mir im Regen zu reden.

Unter dem Vordach eines Gebäudes treffe ich schließlich Sue.

»Warum nennt ihr die Stadt nicht Missouri City?«, frage ich sie. »Würde doch besser passen!«

Sie erklärt mir, dass man unterscheidet zwischen Kansas City, Missouri, und Kansas City, Kansas. Die zwei Teile der Stadt unterscheiden sich wohl stark. Unterschiedliche Staatengesetze, zwei Bürgermeister, andere Verkehrsordnung. Man fährt gerne mal über die unsichtbare Grenze, um günstiger zu tanken. Aber man hat mit dem Namen Kansas in Missouri trotzdem kein Problem, da der Städtename Missouri City schon vergeben ist.

Greg erklärt mir vor einem großen Hoteleingang die Geschichte der Region:

»Bevor es Bundesstaaten gab, hieß die komplette Region Kansas Territory. Deshalb auch der Name der Stadt. Später wurde die Staatengrenze einfach hindurch gezogen, sodass wir damit leben.«

Ich treffe Diane, die allerdings zugibt, dass Besucher mit dem Thema immer wieder Schwierigkeiten haben und Touristen durchweg denken, sich im Bundesstaat Kansas zu befinden, nur weil die Stadt so heißt.

Ich bin froh, das Thema geklärt zu haben, und fahre durchnässt weiter Richtung Nordosten.

Video-Tagebuch zur Challenge
http://my-challenge-coach.de/blog/3703

TAG 20 – STAAT 31
IOWA, DES MOINES
10.300 KILOMETER

LEHRSTUNDE IN RECHTSCHREIBUNG

Auf dem Weg von Missouri nach Iowa höre ich plötzlich Blaulicht hinter mir und fahre rechts ran. Ein amerikanischer Cop steigt aus und erklärt mir, dass ich an der Kreuzung ein Stoppschild überfahren habe. Mir kommt sofort der Gedanke, eine Diskussion zu starten, da ich ja schließlich super kurz an dem Stoppschild gehalten habe, verwerfe den Gedanken aber sofort wieder, da der Umgang mit der Polizei in den USA ein ganz anderer als in Deutschland ist. Hier hat die Polizei eine sehr hohe Autorität, die fast schon bis an die Unberührbarkeit reicht. Um nicht unnötig in weitere Probleme zu geraten, sagt man: »Yes, Sir, I am really sorry, Sir!«

Ich habe eine Lehrstunde der US-Polizei schon vor 20 Jahren in Kalifornien erlebt, als ich mal im Alter von 19 Jahren erwischt wurde, wie ich nachts nach einer Studentenparty in ein Gebüsch gepinkelt habe. So etwas fällt im amerikanischen Strafrecht unter Umweltverschmutzung. Kulturell ist es in den USA eh ein Tabu, als Mann mal eben irgendwo ins Gebüsch zu gehen, während es in Deutschland irgendwie noch okay ist. So bekam ich damals einen Strafzettel für mein Verhalten. Leider hatte ich die Umgangsweise mit der amerikanischen Polizei noch nicht verstanden und angefangen zu diskutieren und unpassende Vergleiche mit Schützenfesten in Deutschland zu ziehen, wo solche Aktivitäten von Männern ja unter Alkoholeinfluss passieren können. Daraufhin wurde ich in Handschellen abgeführt und bekam später ein Gerichtsverfahren – mit dem Ergebnis, 27 Sozialstunden leisten zu müssen. Alles, weil ich nachts um 3 einen Busch als Pissoir genutzt hatte.

Das amerikanische Rechtssystem kann gnadenlos zuschlagen, wenn man nicht genau darauf eingestellt ist. Kürzlich eine andere Geschichte. Als Life-Coach habe ich sowohl in den USA als auch in Deutschland Klienten, die ich unterstütze, wenn sie Veränderungen im Leben oder im Job haben, wenn sie Angst haben, selbständig zu werden oder gewisse Gewohnheiten ablegen wollen, wie zum Beispiel das Rauchen, oder wenn sie Stress im Leben senken wollen (www.my-challenge-coach.com).

Mein Klient Bryan in Boulder kam einmal vollkommen niedergeschlagen zu einer Coaching-Sitzung zu mir.

»Die neue Karriere kann ich mir abschminken, alles ist vorbei. Es ist so schlimm, ich weiß keinen Ausweg mehr!«

Ich konnte die Aussage kaum fassen, da Bryan ehemals in der Finanzbranche viel Geld verdient hatte, glücklich verheiratet war, ein ordentlicher Typ, der sich eben in diesem Moment beruflich umorientiert. Aber er erzählte mir, dass er am Vortag nach der Arbeit zwei Gläser Wein getrunken hatte, also knapp über dem Limit lag, noch mit dem Auto fahren zu dürfen. Er wurde erwischt und musste pusten. Wie gesagt, er war ganz knapp drüber, aber leider beging er den großen Fehler: eine Diskussion mit Cops.

Daraufhin ist er gleich eine Nacht im Knast gelandet und hat offiziell einen DUI (Driving Under the Influence of Alcohol) bekommen, was folgende Konsequenzen hat:

- Führerschein für lange Zeit weg; im Autoland Amerika für viele ein Debakel,
- Vorstrafe, für viele Jobs ganz ungünstig; Arbeitgeber checken fast immer das Vorstrafenregister,

- Gerichtsverhandlung mit Anwaltskosten, etwa 10.000 US-Dollar.

Man kann sich das aus europäischer Sichtweise kaum vorstellen, aber in den USA zu leben, macht schon richtig Spaß, aber nur solange man sich streng an alle Regeln hält.

Zurück zum Stoppschild. Der Polizist bittet mich, sich neben ihn ins Polizeiauto zu setzen. Ich bin über dieses Angebot freudig überrascht, bis ich sehe, wozu das dient: Alle meine Aussagen werden mit einer Kamera aufgenommen.

Ich gebe mich geschlagen. »Wie viel darf ich zahlen?«
Der Cop reagiert freundlich. »Nicht viel, du hast Glück!«
Er drückt mir einen Strafzettel mit 195 Dollar Strafe in die Hand – das sind fast 200 (!) Euro.

Am Nachmittag erreiche ich die Landeshauptstadt Des Moines in Iowa. Dieser französisch anmutende Name spiegelt sich in der überwältigenden Architektur wieder, wie das imposante Kapitolgebäude von 1886 mit seiner goldenen Kuppel zeigt.

Iowa steht neben seiner prächtigen Hauptstadt auch für Bildung, da es hier den höchsten Alphabetisierungsgrad in den ganzen USA gibt. 99 Prozent der Erwachsenen können hier lesen und schreiben.

CHALLENGE #31

Teste, ob die Einwohner Iowas auch rückwärts lesen können!

Ich schreibe auf einen Zettel drei Sätze rückwärts auf:
»50 States of Wigge« als »Eggiw fo setats 05«.

»Hello, how are you?« als »Ouy era woh olleh?«
»I like Iowa all day!« als »Yad lla awoi ekil I!«

Als Erstes treffe ich Kate, eine Dame, die gerade Touristen um das Kapitolgebäude herumführt. Sie ist sofort aufgeschlossen, für Iowa im Ausland zu werben. Doch auf den Rückwärtslesetest reagiert sie überrascht und zögert zuerst, aber möchte sich der Challenge doch nicht entziehen. Und sie erkennt zumindest den zweiten Satz als »Hello, how are you?«

Kurze Zeit später treffe ich Leo, ein Mann Mitte 50, der auf einer Parkbank sitzt. Er schaut minutenlang auf den Zettel, möchte unbedingt den Beweis erbringen wie alphabetisiert der Bundesstaat auch rückwärtslesend ist, schafft aber leider keinen Satz.

Katie und Ellie sind seit zwei Stunden zu Besuch im Ort, und sie zeigen mal so richtig, was Bildungsstandard in Iowa heißt. Ohne zu zögern lesen sie: »Fifty States of Wigge; Hello, how are you?; I like Iowa all day!«

Insgesamt haben drei Testkandidaten vier von neun Sätzen rückwärts gelesen. Das macht eine Rückwärtsalphabetisierungsquote von 44 Prozent. Was sagt uns das? Ist das nun gut oder schlecht? Leider fehlen mir Testergebnisse aus den übrigen 49 Staaten im Rückwärtslesen. Rechnet man aber mit ein, dass ich mich im Rückwärtsschreiben sogar selbst vertan habe und anstatt »Eggiw fo setats 05« auf dem Zettel »Wigge fo setats 05« stand, kann man das Ergebnis als ziemlich gut bezeichnen.

Video-Tagebuch zur Challenge
http://my-challenge-coach.de/blog/3705

TAG 21 – STAAT 32
ILLINOIS, CHICAGO PARK RIDGE
10.600 KILOMETER

HILLARY IST DA!

Am nächsten Tag fahre ich nach Chicago. Amerikanische Großstädte bedeuten für mich mit dem Van echten Stress. Neben vielen Staus muss ich auf den oftmals bis zu sechsspurigen Autobahnen immer genau aufpassen, wer links und rechts neben mir ist, wie ich unfallfrei die Spur wechsele und so weiter.

Aber in Park Ridge angekommen wirkt es plötzlich kleinstädtisch. Die Stadt gehört zur Metropolregion Chicago, und hier lebt die gehobene Mittelschicht: Altehrwürdige Häuser im Kolonialstil mit großen weißen Säulen reihen sich aneinander, kleine Cafés wechseln sich mit gehobenen Boutiquen ab. Und in dieser Umgebung ist Hillary Clinton aufgewachsen und zur High School gegangen.

CHALLENGE #32

Finde jemanden, der Hillary Clinton persönlich kennt!

Ich frage mich in Park Ridge durch zum Hillary-Haus. Tim, ein Jugendlicher, wohnt in der gleichen Straße.

»Ja, ganz dahinten ist das Haus, die Straße wurde nach ihr benannt!«

Kurze Zeit später stehe ich am Rodham Corner, benannt nach Hillary Rodham Clinton. Die USA-Bewanderten wissen: Rodham ist Hillarys Mädchenname. Direkt an der Straßenkreuzung sehe ich das Haus: großzügig, aber auch nicht übertrieben prunkvoll. Ich schaue, ob ich Leute im Garten sehe, aber alles ist still, niemand da.

Auf der gegenüberliegenden Straßenseite treffe ich eine ältere Dame namens Rocky. Sie erzählt mir, dass sie hier schon lange wohnt und die Clintons kennt. Ich kann mein Glück kaum fassen. Wenn sie Hillary kennt, springe ich in den Van und bin heute Abend schon in Wisconsin.

Aber so einfach ist es leider nicht.

»Ja, ich kenne ihre Eltern einigermaßen, auch den Bruder.«

Ich schaue sie erwartungsvoll an. Aber Hillary lässt sie unerwähnt.

»Und Hillary?«, frage ich also und strecke ihr ein erwartungsvolles Grinsegesicht entgegen, das unbedingt in den Van zur Weiterfahrt springen will.

»Nö, mit ihr habe ich nie gesprochen. Während der High School war sie immer unterwegs, und ab der Collegezeit hat sie sich kaum noch hier sehen lassen.«

Ich bin enttäuscht, Rocky geht nicht durch. Trotzdem frage ich sie, wie die Familie denn so war, wieder mit einem freudigen Grinsegesicht. Wer würde schließlich schon sagen, dass die komisch waren. Aber in Park Ridge ist die Hillary-Clinton-Euphorie offenbar ziemlich gebremst, der Stadtteil gilt nämlich als äußerst konservativ. Hier haben die Republikaner das Sagen. Die berühmte Person aus dem Rodham Corner passt nicht immer ganz ins Bild, wurde mir kurz vorher schon von Tim erklärt.

»Wie auch immer!«, ist Rockys wenig euphorische Reaktion zur Familie. Sie dreht sich um und geht ins Haus.

Ich verbringe nun die nächsten Stunden an der Kreuzung Rodham Corner und versuche Passanten abzufangen, denn einfach mal klingeln spare ich mir. Bei so einer bedeutenden Person ist ein herumstreunender Typ auffällig, und wie schon erwähnt ist Kontakt mit der Polizei immer schlecht.

Kurz spreche ich mit Lisa, die vorbeifährt. Sie kennt Hillary Clinton nicht persönlich.

»Die Frau ist Ende 60, das ist schon 50 Jahre her, dass sie hier gewohnt hat. Wer soll die denn noch kennen?«

Stimmt, ich hatte die große Zeitspanne nicht bedacht. Also, beschränkt sich nun mein Beutemuster auf 60+.

Wenig später werde ich von Mike angesprochen, der gerademal 18 ist.

»Na, wartest du auf Hillary Clinton hier am Rodham Corner?« Er lacht.

Ich erkläre ihm mein Anliegen, woraufhin er mir erzählt, dass Hillary Clinton vor 13 Jahren bei ihm in der Grundschule zu Besuch war. Ich schrecke auf.

»Und, hast du sie kennengelernt?«

Er schüttelt den Kopf.

»Ich war fünf und hatte keine Ahnung, was die wollte. Deshalb habe ich nicht mehr ihr geredet.«

Wenig später hält Tom mit einem Lieferwagen an. Auch er weiß sofort, warum ich auf der Straßenkreuzung warte, und hilft mir. Er postet auf seiner Facebookseite: »Deutscher sucht heute noch Freund/in von Hillary, sonst darf er nicht weiterfahren.«

Ich bekomme auf seinen Post keinerlei Reaktion. Wie sollen das die Leute auch in den richtigen Zusammenhang bringen?

Viele Fehlversuche und Ablehnungen im Rathaus und der örtlichen Bücherei später bekomme ich von einer Passantin den Tipp, zur Methodistenkirche zu gehen. Schließlich war Hillary früher dort aktives Mitglied. An der Tür der Kirche treffe ich zufällig Ellie, eine ältere Dame. Sie hört sich mein Anliegen an.

»Ja, ich kenne Hillary, schließlich sind wir in der gleichen Kirche.«

Mir fällt ein Stein vom Herzen, nach so vielen Stunden Suche.

»Wir haben uns zuletzt 1997 hier in der Kirche getroffen, da hat sie ihren 50. Geburtstag mit uns gefeiert. Da war was los!«

Sie erzählt mir, dass Hillary Clinton während ihre Jugendzeit eine Republikanerin wie ihr Vater war.

»Ihr Vater war eine bekannte Persönlichkeit bei den Konservativen, so ist sie in seine Fußstapfen getreten, bis die Collegezeit alles verändert hat. College, Männer mit langen Haaren und der Vietnamkrieg. Da war nichts mehr wie vorher und sie kam wieder als Demokratin.«

»Aber«, das schiebt Ellie noch nach, »so ganz überraschend war es wiederum nicht – Hillarys Weg zur anderen Partei. Denn schließlich war ihre Mutter Demokratin.«

Ellie bietet mir an, sie zu sich nach Hause zu begleiten, um Fotos von ihr und Hillary anzuschauen, und kurze Zeit später fahren wir vor ihr Haus. Ihr Ehemann erwartet uns schon. Aus dem Wohnzimmerschrank holt sie dann Fotos, auf denen sie zusammen mit Hillary lächelnd posiert.

Ich habe meine Challenge definitiv bestanden und liege abends zufrieden im Van, um am nächsten Morgen Richtung Norden zu fahren, als plötzlich das Handy klingelt. Es ist Ellies Ehemann.

»Hi, Michael, hast du eigentlich Lust, Hillary mal selbst zu treffen?«

Ich kann meinen Ohren kaum trauen. Was kommt denn jetzt, etwa ein arrangierter Urlaub auf einem Kreuzfahrtschiff durch die Karibik zusammen mit Ellie und Hillary? Wundern würde mich nach diesem Tag gar nichts mehr.

»Hillary ist morgen in Park Ridge zu Besuch, ein paar Wahlkampfspenden sammeln, von den ganzen Republikanern hier.« Ellies Ehemann lacht und legt auf.

Eigentlich war ich im Kopf schon längst im nächsten Bundesstaat, da ich unbedingt die 40-Tagesmarke für alle 50 Staaten brechen möchte. Es kribbelt mir regelrecht unter den Fingernägeln, immer mehr das Tempo anzuziehen. Aber Hillary Clinton darf ich natürlich nicht verpassen.

Am nächsten Mittag stehe ich vor der Bücherei von Park Ridge. Die Straße ist abgesperrt, hunderte von Fans und Gegnern versammeln sich am Straßenrand, mit USA-Merchandising bestückt. Einige Leute mit großen Stars&Stripes-Flaggen, andere haben sogar das Fell ihrer Hunde in den amerikanischen Farben gefärbt. »Hillary for President, Hillary for President« und »Hillary for Jail, Hillary for Jail« höre ich aus verschiedenen Richtungen. Also, zwischen Präsidentschaft und Knast ist hier wohl alles drin. Die Stimmung wirkt aufgeheizt. Vom ruhigen Park Ridge des Vortages ist nichts mehr übriggeblieben. Der Secret Service hat sein Personal überall in Form von Männern mit Spiegelbrillen platziert. Ich komme mir vor wie in einem politischen Hollywoodfilm.

Ich spreche mit den aufgebrachten Leuten am Straßenrand. Die Gegner erzählen mir, wie korrupt Hillary ist, dass es ihr nur um Geld für sie und Bill gehe. Die Anhänger halten teilweise Fotos von ihr in der Hand und vergöttern sie regelrecht. Es vergehen nun Stunden, bis eine Limousine eintrifft. Die Emotionen der Besucher sind mit einem Schlag weg. Es herrscht totale Stille. Hillary Clinton steigt in einem blauen Hosenanzug aus, die Agenten vom Secret Service halten jede Bewegung der Besucher im Blick. Hillary geht ungefähr fünf Meter vor mir her, zum Eingang eines großen Saals, in dem geladene Gäste für das Spendenmittagessen schon auf sie warten. Ich hebe meine Hand, um ihr zu signalisieren, dass ich etwas fragen möchte, bekomme aber nur einen ermahnenden Blick vom Secret Service und gehe leer aus.

Jetzt könnte man denken, es wäre Einbildung, aber beim Vorbeigehen meine ich, dass sich unsere Blicke berühren, als würde sie sagen wollen: »Na du, ich habe nichts Besseres zu tun, als dich anzuschauen.«

Okay, ich gebe es zu, ich stehe in Park Ridge zu lange in der Sonne, es ist Zeit weiterzufahren. Eine weitere Challenge kriege ich heute noch hin!

Video-Tagebuch zur Challenge
http://my-challenge-coach.de/blog/3707

TAG 22 – STAAT 33
WISCONSIN, SHEBOYAN
11.000 KILOMETER

DIE BRATWURSTHAUPTSTADT

Wisconsin zählt zu den German States. Die Einwanderungswelle von Deutschen hierher war im 19. Jahrhundert gewaltig. Auf dem Weg nach Sheboyan fahre ich an den Orten Wittenberg und Kiel vorbei. Der gesamte Staat Wisconsin wird auch Käsestaat genannt, definitiv ein Überbleibsel deutscher und europäischer Einwanderer. Und Sheboyan nennt sich Amerikas Bratwursthauptstadt. Jährlich gibt es hier das legendäre Bratwurstfestival.

CHALLENGE #33

Finde eine Tofubratwurst in der Bratwursthauptstadt!

Die Challenge klingt erst mal nicht so schwer, da man davon ausgehen könnte, dass eine Bratwursthauptstadt alle möglichen Bratwurstsorten hat. Leider ist das Thema gesundes Essen in dieser Region nicht so stark angekommen, man setzt hier viel mehr auf Tradition.

Ich spreche Sue in einem Kleidungsgeschäft an. Sie macht mir sofort klar, dass man auf solch einen Tofuschnickschnack hier nicht steht. »Iss 'ne richtige Wurst oder geh in den Bioladen. Beides gleichzeitig geht nicht!«

Ich erkläre ihr, dass ich irgendeine Lösung finden muss, um weiterfahren zu dürfen, und Sue greift zum Telefonhörer, um ihre örtlichen Kontakte spielen zu lassen. Aber überall hagelt es Absagen. Die Verkäuferin des Woodlake-Supermarktes im Ort reagiert aber plötzlich positiv und sagt, ich solle vorbeikommen. Es ist schon Abend und ich bin froh, die Wurst-Challenge fast geschafft zu haben. Im Supermarkt klärt sich leider, dass es ein Missverständnis war. Es gibt hier zwar fleischlose Würste, aber keine Tofuwurst. Was nun? Der Manager wird herbeigerufen. Er macht mir klar, dass der Woodlake Market meine einzige Chance für dieses Thema ist. »Du wirst sonst nirgendwo fleischlose Würste finden, glaub mir.«

Wir kramen gemeinsam im Wurstkühlschrank herum und finden Kartoffelwürste, Gemüsewürste und Gemüse-Kartoffelwürste. Ich muss diese Würste irgendwie durch die Qualifikation boxen, denke ich mir und lese dem Manager alle Zutaten vor. Auf einer Packung steht neben Salz, Pfeffer, Gemüse, Kartoffeln und allerhand unverständlichem Zeug auch Soja. Der Manager erklärt mir, dass Tofu aus Sojabohnen produziert wird, also die Wurst in gewisser Weise Tofu enthält. Ich frage nicht lange nach, nehme die Wurst und stehe schon hinter meinem Van. Ruckzuck ist der portable Grill angeschmissen und die »Tofuwurst« brutzelt darauf. Sie schmeckt irgendwie gemüse- und kartoffellastig, aber trotzdem gut!

Video-Tagebuch zur Challenge
http://my-challenge-coach.de/blog/3709

TAG 23 – STAAT 34
MINNESOTA, HINCKLEY
11.650 KILOMETER

POLITIKEXPERTEN IN DER PROVINZ

Die Weiterfahrt am nächsten Tag durch Wisconsin und Minnesota bleibt ziemlich deutsch. Ich mache Mittagspause in Rothschild und besuche nachmittags New Munich. Die Dörfer haben teilweise noch eine europäisch anmutende kleine Kirche in der Mitte stehen, das war es dann aber auch schon an Deutschtum, wobei der Ort Wausau mich beim Vorbeifahren zum Schmunzeln bringt.

Nach fast 700 Kilometern erreiche ich den kleinen Ort Hinckley. Mir tut der Nacken vom sturen und langen Fahren weh, aber ab jetzt kommen nur noch große Bundesstaaten, sodass pro Tag keine Fahrt mehr weniger als 500 Kilometer haben wird.

Hinckley wirkt wie ein ruhiges Westernstädtchen. Die Holzfassaden der Häuser im Dorfkern haben diesen unverkennbaren amerikanischen Wildwestlook. Aber auch hier leben die Nachfahren ordentlicher und pflichtbewusster deutscher Einwanderer.

CHALLENGE #34

Finde heraus, warum Minnesota die höchste Wahlbeteiligung der USA hat!

In den USA geht nur ungefähr jeder zweite Erwachsene zur Wahlurne, was auf eine ziemliche Politikverdrossenheit schließen lässt. Der Bundesstaat Minnesota fällt dabei aber heraus. Drei von vier Erwachsenen gehen hier brav zur Wahlurne. Aber warum nur? Ich höre bei den Bewohnern verschiedene Erklärungsansätze. So richtig bewusst war sich bislang über diesen Superlativ aber wohl noch niemand.

»Die Bildung hier ist ganz gut, wohl deshalb.«
»Wir sind sehr bodenständig und pflichtbewusst.«
»Ich gehe wählen, weil mein Mann es will.«

Eindeutig kann ich den Grund für das hohe Wahlaufkommen nicht herausfinden, aber Bildung, familiärer Druck und Pflichtgefühl mischen sich hier wohl.

Wie sieht es denn 2016 aus? Der Clinton- und Trump-Wahlkampf fällt ja etwas aus der Reihe, ist irgendwie skandalöser und polarisierender als sonst. Geht man in Minnesota deshalb mehr oder weniger zur Wahlurne?

Ich spreche mit Grant, der gerade Geld für einen guten Zweck sammelt. Er argumentiert, dass in diesem Jahr wahrscheinlich fast jeder in Minnesota wählen geht, da die konservative Bevölkerung von den acht Jahren, in denen die Demokraten an der Macht waren, sehr enttäuscht ist.

»Aber was kann denn Trump in Zukunft besser machen?«, möchte ich wissen.

Grant beschreibt Trump als amerikanischen Exzentriker. Er nutzt sogar die Metapher des besten amerikanischen Cheerleaders, den Trump für ihn darstellt und den Amerika seiner Meinung nach dringend braucht. Es fallen weitere Argumente, die ich auf der Reise schon gehört habe:

»Er ist Businessmann, kein Politiker. Er ist nicht gekauft wie die anderen. Er hat endlich Political Correctness abgeschafft.«

Es scheint sich vieles um diese Attribute zu drehen und Trumps Erfolg auszumachen. Ein Geschäftsmann, der redet, wie ihm die Schnauze gewachsen ist, als hätten viele Amis genau darauf lange gewartet.

Video-Tagebuch zur Challenge
http://my-challenge-coach.de/blog/3711

TAG 24 – STAAT 35
NORTH DAKOTA, BISMARCK
12.450 KILOMETER

FAST WIE IN DEUTSCHLAND

Die nächste lange Fahrt bis nach North Dakota steht bevor, ich befinde mich nun im Norden und genau mitten in den USA. Diese Fahrt wird aber nicht von langweiligem und monotonem Geradeausfahren geprägt, denn ein Sandsturm zieht auf. Der Sturm wird plötzlich so heftig, dass ich merke, wie der Freeway immer leerer wird. Nur noch vereinzelt kommt mir ein Auto entgegen. Die starken Windböen knallen seitlich an den Van, sodass ich immer wieder gegenlenken muss. Aufgrund dieser Schwierigkeiten und angesichts der leeren Straßen beschließe ich sicherheitshalber anzuhalten und abzuwarten. Doch das Aussteigen aus dem Van wird zum Fiasko.

Ich muss mich festhalten, um in den sandbraunen Horizont filmen zu können. Die Aufnahmen müssen grausig sein, ein Zitteraal hätte die Kamera wohl noch ruhiger halten können als ich im Moment.

Stunden später erreiche ich im immer noch starken Wind Bismarck, die Hauptstadt North Dakotas. Dieser Staat setzt in Sachen Deutschtum im Vergleich zu Wisconsin und Minnesota noch einen drauf. Deutscher könnte eine Landeshauptstadt wohl nicht klingen. Meine Recherche ergibt, dass 50 Prozent der Einwohner deutsche Vorfahren haben. Insgesamt gibt es in ganz Amerika unter 318 Millionen Einwohnern sage und schreibe 50 Millionen mit deutschem Hintergrund. Da ist es eigentlich kein Wunder, dass ich immer wieder ganz stolz von Amis darauf angesprochen werde, dass sie ja eigentlich deutsch sind.

CHALLENGE #35

Teste, wie viele deutsche Nachnamen du unter 10 Passanten findest!

Ich bin gespannt, ob sich die Statistik in meinem kleinen Straßentest widerspiegelt, bezweifele es aber eher.

Als Erstes treffe ich Chris Spangeler. Er ist hier in der dritten Generation und seine Vorfahren stammen aus Deutschland. Sie hießen wohl mal Spengler und kamen aus Süddeutschland. Chris erzählt mir, dass außerhalb der Großstadt Bismarck die Quote von Deutschen sogar noch viel höher ist.

»Es gibt sogar noch Leute auf dem Land, die mit deutschem Akzent Englisch sprechen, obwohl sie hier aufgewachsen sind!«

Diese Tatsache wundert mich sehr. Wie können Leute eine Sprache mit ausländischem Akzent sprechen, obwohl sie nie selbst im Ausland gelebt haben? Das muss wohl über die Generationen von den Eltern so weitergegeben worden sein, denn die haben mit ihren Familien ziemlich zurückgezogen gelebt. Da gab es für die Kinder nicht so viele Möglichkeiten, »richtiges« Englisch zu lernen.

Während ich darüber nachdenke, gehe ich an dem Juweliergeschäft Kokkelers vorbei. Das klingt doch auch recht deutsch.

Dann treffe ich einen älteren Herrn namens Roy. Große Enttäuschung: Er hat irische Vorfahren, bekommt aber einen halben Punkt, da seine Frau Deutsche ist.

Drei Blondinen begegnen mir kurze Zeit später. Zwei davon sind Schwestern und stellen sich mir auf Deutsch als »Frau Schmidt« vor. Sie können eigentlich kein Deutsch sprechen, aber Ausdrücke wie Frau, Fräulein oder Kuchen haben sie noch von ihren Eltern gelernt. Ihr Opa war mit einem Schiff über den Atlantik nach Amerika gekommen, und sie können sich beide noch erinnern, wie er zeitlebens nur Deutsch sprechen konnte. Sie gehen lachend weiter und rufen mir noch »Dampfnudeln« hinterher.

Am Schluss treffe ich noch vor einem Parkhaus Sonia Schlosser, die mir erzählt, dass in ihrer Familie die deutsche Kultur hochgehalten wird. Sie weiß auf jeden Fall noch, wie man Knödel zubereitet.

Das Testergebnis ist ziemlich eindeutig: 4,5 von 10 zufällig ausgewählten Personen haben deutsche Wurzeln und einen deutschen Nachnamen, was der Statistik von 50 Prozent ziemlich nahe kommt.

Abends sitze ich vollkommen erschöpft im Lüft, der Szenekneipe in Bismarck. Die lange Fahrt durch den Sandsturm und die Challenge in Bismarck haben mich echt plattgemacht. Ich merke mehr und mehr, wie die Reise mich mitnimmt. Heute früh hatte ich den ersten Morgen, an dem ich nicht aus dem Bett oder vielmehr von der Rückbank im Van gekommen bin. Ich weiß, dass ich diese Belastung nicht ewig durchstehen kann. In 24 Tagen habe ich 35 Challenges gemacht und 12.500 Kilometer zurückgelegt. Irgendwann ist die Luft raus.

Im Lüft setzt sich ein älterer Herr neben mich, der sich als Gentleman James vorstellt, natürlich auch deutsche Wurzeln hat und einen Monolog anfängt, dass er Christ sei, mal als Gouverneur regieren wollte, die Frauen ihn lieben, viele ihn auf 58 und nicht auf 78 schätzen und so weiter.

Diese ungebetenen und recht selbstüberschätzenden Monologe sind in den USA übrigens keine Seltenheit. Mir ist schon oft aufgefallen, wie stark die Amerikaner zur Selbstvermarktung erzogen werden. Man drückt einen Knopf und die Person fängt an, professionell herunterzubeten, was sie schon alles Tolles im Leben erreicht hat. In Deutschland ist das eher verpönt. Ich erinnere mich, gelernt zu haben, mich nicht zu sehr in den Vordergrund zu schieben und dass Genügsamkeit in gewisser Weise eine deutsche Tugend sei. Genügsamkeit ist in den USA bestimmt ein Fremdwort, denn die Gesellschaft tickt in die Richtung: Wer sich nicht meldet, geht unter. Selbstpräsentation ist hier das A und O.

Ich selbst halte mich schon für ziemlich extrovertiert und rede auch gerne mal über meine Projekte, aber mir kommt es manches Mal so vor, als wenn ich in fast jedem Amerikaner meinen Meister gefunden hätte. Ich sehe es schon bei den Kindern meiner amerikanischen Freunde, die regelmäßig auf der Bühne in der Schule Reden halten, Schauspiele aufführen oder zum Singen animiert werden. Wie schüchtern war man doch damals als Kind in Deutschland? Für mich leben die USA eine regelrechte Ich-Kultur. Man wächst damit auf, in öffentlichen Situationen regelmäßig einen *elevator pitch* hinzulegen. Hinter diesem Begriff verbirgt sich die Fähigkeit, jemanden von einer Dienstleistung oder einem Produkt in einer so kurzen Zeitspanne zu überzeugen, wie ein Aufzug von einem zum nächsten Halt braucht. Wer im Marketing seinen *elevator pitch* nicht drauf hat, wird auch nicht gewinnen. Und genau diesen *elevator pitch* kriegen die Amis über sich selbst meistens hin:

»Hallo, ich bin 32, habe *Business and Finance* an der Greenbay University studiert. Meine Stärken sind Kommunikation, Organisation und hohe Zielsetzungen. Ausdauersport, Tennis und meine Familie sind meine privaten Stärken.« (Lautlos, aber trotzdem da: »Ich bin einfach ein supergeiler Typ!«)
Auch wenn solche Sätze eher abgedroschen und amüsant auf mich wirken, höre ich sie seit Jahren regelmäßig und habe mich in einer Kultur der Selbstvermarktung daran gewöhnt.
Zurück zu Gentleman James. Er redet immer noch auf mich ein und berichtet stolz, dass er gerade beim Juwelier Kokkelers einen Brillanten für eine Frau gekauft hat. Da muss ich passen. Normalerweise kann ich mit dieser Art umgehen. Die aktuelle Erschöpfung und Gentleman James' Monolog lösen in mir aber eine starke Irritation aus. Ich tue so, als sei mir schlecht, und gehe mit freundlicher Verabschiedung. Ich brauche gerade einfach meine Ruhe, um den Rest der Reise durchzustehen.

Video-Tagebuch zur Challenge
http://my-challenge-coach.de/blog/3713

TAG 25 – STAAT 36
SOUTH DAKOTA, MOUNT RUSHMORE
13.000 KILOMETER

DER PRÄSIDENTENWAHNSINN

Die Landschaften Richtung Westen werden immer interessanter. Ich lasse den Mittleren Westen allmählich hinter mir. Es ist wieder eine lange Fahrt und ich fühle mich im Alleinsein herausgefordert. In den letzten Wochen bin ich ohnehin viel allein gewesen, was ich ganz gut aushalten kann. Allerdings stoße ich mehr und mehr an meine Grenzen und hoffe, dass das Alleinsein nicht plötzlich in Einsamkeit umschlägt. Ich brauche Kontakt zu Freunden und fange mal wieder an, sinnlose SMS und WhatsApp-Nachrichten an Freunde und Bekannte durch die Welt zu schicken

»Na, Alter, seit 2012 nichts mehr voneinander gehört!«
Oder:
»Bei mir ist jetzt Tag und du schläfst. Hehehe.«
Oder:
»Ich habe gerade ein Ladekabel für meine Kamera gekauft, die kleinen Freuden des Lebens. ☺«

Die meisten dieser Textnachrichten bleiben von Freunden und Bekannten diskret unbeantwortet. Es kann natürlich keiner nachvollziehen, dass ich hier gerade auf der Schwelle zwischen glücklichem Alleinsein und haltloser Einsamkeit stecke und einfach mal reden muss.

So spüre ich große Freude, als ich am Mount Rushmore ankomme und Menschenmassen sehe. Touristen, die alle dieses berühmte amerikanische Monument sehen wollen. Der Anblick der riesigen in den Fels gemeißelten Köpfe wirkt auch auf mich sehr eindrucksvoll, und ich komme schnell mit Touristen über Belanglosigkeiten ins Gespräch, was mir guttut, mich nicht mehr einsam fühlen lässt. Ich agiere wie Gentleman James, erzähle ungefragt von Hillary Clinton in Chicago, vom größten Schnurballen in Kansas und dem Mysterium Swing States, die aber nichts mit einer Schaukel zu tun haben. Die Amerikaner sind diese Monologe aufgrund des Feel Good Talks und der Ich-Bezogenheit mehr als gewohnt und nicken mir freundlich zu.

Das Mount-Rushmore-Denkmal befindet sich in den Black Hills. Es besteht aus riesigen, monumentalen Porträtköpfen von vier bedeutenden US-Präsidenten: George Washington, der erste Präsident und, wie ich inzwischen weiß, jemand, der fast jeden in sein Haus gelassen hat. Thomas Jefferson, der dritte Präsident und derjenige, der mehr oder weniger die Unabhängigkeitserklärung verfasst hat. Theodore Roosevelt, welcher der 26. Präsident und daneben auch Friedensnobelpreisträger war. Und Abraham Lincoln, 16. und, wie ich zu spüren bekam, wrestlender Präsident.

CHALLENGE #36

Zähle alle amerikanischen Präsidenten des 20. Jahrhunderts auswendig auf!

Für jeden, der ein gutes Kurzzeitgedächtnis hat, ist diese Challenge nicht allzu schwer. Man lernt schnell die 17 Präsidenten des letzten

Jahrhunderts (1901–2001) und sagt sie dann auswendig vor dem Mount-Rushmore-Denkmal auf. Für mich ist es aber schwieriger. Ich habe mal einen Gedächtnistest machen lassen, weil ich beim Spiel »Ich packe meinen Koffer« wirklich immer der Verlierer war. Die Durchschnittsperson kann sich nach meiner Erfahrung bei diesem Partyspiel zehn Gegenstände merken, auch im angetrunkenen Zustand. Manche mehr, manche weniger. Bei mir war aber meistens schon nach vier oder fünf Gegenständen Schluss, selbst nüchtern. Deshalb kam im Freundeskreis irgendwann die berechtigte Frage auf: Ist der Micha eigentlich etwas dumm?

Das wollte ich natürlich auch wissen, zumal mein Leben sonst relativ erfolgreich verlief und ich auch irgendwann ohne Probleme studiert habe. Aber mir ist auch beim Bücherlesen schon immer aufgefallen, dass ich spätestens nach einer Seite keine Konzentration mehr habe und in Gedanken abschweife. Was war also los?

Ich habe in der Berliner Charité einen Gedächtnistest gemacht, bei dem ich mir Farben von Bauklötzen merken und auf einen Knopf drücken musste, wenn eine Lampe anging, und so weiter. Das klingt schräg, aber ich habe damals ein klares Testergebnis bekommen:

1. Mein Kurzzeitgedächtnis ist schwach ausgeprägt, sodass ich bei »Ich packe meinen Koffer« natürlich nie gewinnen konnte. Der Grund ist ein schwach ausgeprägter frontaler Cortex, also der vordere Gehirnlappen oder so (genaue Details habe ich aufgrund dieser Schwäche schon wieder vergessen).
2. Meine Reaktionsgeschwindigkeit dagegen gehört zu den oberen 3 Prozent der Gesellschaft, was mir ermöglicht, besonders multitaskingfähig zu sein und verschiedene Dinge sehr schnell erledigen zu können.

Auf meinen Reise-Challenges mache ich oftmals viele Dinge sehr schnell und gleichzeitig. Ich filme, agiere, kommuniziere, fahre und so weiter. Und es läuft gut, was wahrscheinlich auf das Ergebnis Nummer 2 zurückzuführen ist. Aber heute geht es eben um Punkt 1, und den will ich knacken.

Ich habe einen Zettel mit den 17 Präsidenten in der Hand und gehe immer wieder durch:

»Kennedy, Ford, Clinton, Bush, Roosevelt, Hoover, Eisenhauer ...«

Aber so oft ich es auch durchgehe, ich vergesse immer wieder einige oder baue versehentlich Patzer wie Trump anstatt Truman ein. Aber es ist ja noch nicht so weit ...

Nach fast einer Stunde intensiver Lernarbeit zwischen chinesischen Touristen, die nicht verstehen können, warum ich immer wieder diese Namen aufzähle, bin ich bereit für den Präsidenten-Showdown. Ich stelle mich in Pose vor das Denkmal und lege los:

»Roosevelt, Taft, Wilson, Harding, Coolidge, Hoover, Roosevelt, Truman, Kennedy, Johnson, Nixon, Ford, Carter, Reagan, Bush, Clinton ...«

Ich weiß, dass da noch mindestens einer fehlt. Stille. Ich sehe wie mehrere chinesische Touristen mich still beobachten und mitfiebern. Sie schauen mich in großer Erwartung an, ob der eine Präsident noch aus mir herauskommt.

Gedanklich gehe ich alle mehrfach durch, aber mir fällt keiner mehr ein. Einer der Touristen will mir helfen und bewegt seine Lippen, damit ich es ablesen kann. Aber was soll es denn sein? Ich erkenne es und rufe:

»Johnson!«

Aber der erwartete Applaus bleibt aus. Zwar gab es zwei Roosevelts im 20. Jahrhundert, aber keine zwei Johnsons. Ich habe es nicht geschafft.

Also geht es zurück ins Präsidentenstudium. Ich gehe wieder unzählige Male durch meinen Notizzettel und erkenne, dass ich Eisenhower vergessen habe. Klar, so ein wichtiger Präsident, der die USA durch die Nachkriegszeit geführt hat! Wie konnte ich ihn nur vergessen?

Nach 10 Minuten bin ich so weit. Die Touristen haben den Spaß mittlerweile an mir verloren und ich stehe alleine da, hinter mir die vier großen Präsidentenköpfe. Ich spreche laut vor:

»Roosevelt, Taft, Wilson, Harding, Coolidge, Hoover, Roosevelt, Truman, Eisenhower, Kennedy, Nixon, Ford, Carter, Reagan, Bush, Clinton ...«

Bin ich durch? Nein, ich habe mit den Fingern mitgezählt und einer muss mir wieder durchgerutscht sein. Ich habe mir Eselsbrücken damit gemacht, was mir an jedem Präsidenten aufgefallen ist. Zum Beispiel Clinton mit Monica Lewinsky und Reagan als Schauspieler. Aber wer fehlt mir?

Und er fällt mir ein: Johnson! Der einzige, zu dem mir keine Eselsbrücke eingefallen ist. Dieses Mal war es wirklich Johnson!

Ich hab's geschafft. Beim nächsten »Ich packe meinen Koffer« bin ich dabei. Erleichtert fahre ich weiter.

Video-Tagebuch zur Challenge
http://my-challenge-coach.de/blog/3715

TAG 26 – STAAT 37
MONTANA, COOKE CITY
13.920 KILOMETER

DER ELCHTEST

Ich habe von South Dakota bis Montana wieder eine äußerst lange Fahrt und sitze nach der Präsidenten-Challenge am späten Nachmittag und frühen Abend noch fünf Stunden hinter dem Steuer bis zur absoluten Belastungsgrenze. Lange und monotone Fahrten sind nicht der amerikanische Traum, wie ich ihn mir im Vorfeld ausgemalt habe. Aber kurz vor Sonnenuntergang sehe ich ein Schild: »Devils Tower, 42 Miles«.

Eigentlich ist mir gerade nicht nach Umwegen zumute, zumal das einen Abstecher nach Wyoming bedeuten würde, und das ist eigentlich erst mein übernächstes Ziel. Jede Meile, die ich bis zum Ende der Reise weniger fahren muss, ist außerdem eine gute Meile. Aber vom Devils Tower habe ich schon vorher durch Freunde gehört. Es soll ein einzigartiges Naturdenkmal sein, ein 265 Meter hoher, turmartiger Felsen, der aus der Weite Wyomings herausragt, wirklich sehr spektakulär.

Also, nehme ich die Extrafahrt in Kauf und werde belohnt. Ich sehe den schönsten Sonnenuntergang, den ich meinem ganzen Leben gesehen habe. Und das schreibe ich nicht nach typisch amerikanischer Übertreibungsmanier, wo alles immer das Beste, das Größte und das Unglaublichste ist. Ich schreibe das aus einer deutschen und recht pragmatischen Sicht. Es ist wirklich der beste Sonnenuntergang, den ich jemals gesehen habe: Wie die Sonne zwischen einem mit dunklen Wolken behangenen Himmel und dem 265 Meter hohen Devils Tower die weite Prärie des Wilden Westen hell in orangenem Licht erleuchtet, das ist es, worauf ich gewartet habe. Der unberührte Wilde Westen mit seiner atemberaubenden Schönheit. Ich fühle, dass sich die Strapazen der letzten Zeit alleine schon für diesen Ort gelohnt haben. Über 13.000 Kilometer in weniger als einem Monat und bislang schon 20 Stunden Filmmaterial, das war kein Spaziergang, aber es hat definitiv einen ganz wichtigen Effekt gehabt: Ich bin tief in diese USA-Challenge eingetaucht und habe alles außerhalb vergessen. Seit Wochen weiß ich nicht mehr, welchen Wochentag wir haben, ich denke auch nicht mehr in Arbeitszeiten. Die Challenge ist 24/7. Solange ich wach bin, gibt es nur eins: die Challenge, also fahren, filmen, Einzelchallenges bestehen und planen, wie es weitergeht. Die Reise wirkt wie ein Beschleuniger in eine eigene Welt. Es fühlt sich durch die hohe Taktung sogar so an, als würde ich schon ewig in diesem Van wohnen. Erinnerungen an meine Wohnung verblassen allmählich, obwohl ich noch nicht einmal einen Monat unterwegs bin. Mein Zeitgefühl verzerrt sich durch den Aktionismus extrem.

Am nächsten Vormittag geht es noch mal fünf Stunden weiter bis in den Westen des Bundesstaates von Montana. Die Landschaft verändert sich auf dem Weg dorthin wieder mal stark. Gestern Abend umgaben mich noch die kargen Wildwestlandschaften, heute sehe ich 4.000er, die schneebedeckt und größtenteils mit dichten Wäldern überzogen sind.

Der Bundesstaat Montana ist durch die Rocky Mountains und eine beeindruckende Natur geprägt. Kein Wunder, dass es den folgenden Superlativ besitzt: Die größte Elchherde der

USA wandert hier umher. Statistisch befinden sich 1,4 Elche auf einer Quadratmeile.

Ich halte auf einer weiten Grünfläche vor einem gewaltigen Bergmassiv. Die Grünfläche sollte ungefähr eine Quadratmeile umfassen, also ungefähr 2,5 Quadratkilometer. Aber kein Elch da. Eigentlich sollten hinter mir nun doch mindestens 1,4 Elche stehen. Aber nichts da, alles leer! Auch bei meiner Weiterfahrt durch die Natur überblicke ich immer wieder Quadratmeilen von Land, nur die 1,4 Elche fehlen. Wo sind sie hin?

CHALLENGE #37

Finde einen Elch!

Ich betrete ein Touristenbüro am Nordrand des Yellowstone National Parks und schildere den Angestellten mein Elchproblem. Sie raten mir, ein paar Häuser weiter zur Rangerstation zu fahren. Dort wird mir von John geholfen, dem Ranger der Region.

»Ja, wir haben hier große Elchherden, allerdings hängen die nicht an Parkplätzen herum, wo du sie gesucht hast.«

Mir ist klar, dass ich wie ein idiotischer Tourist rüberkomme, der Elche anfassen möchte. John mustert mich kritisch, als ich erwähne, dass ich die 1,4 Elche pro Quadratmeile einfach nicht sehen konnte. Aber er hilft, als ich ihm erkläre, dass es eine von 50 Challenges in 50 Staaten ist. Auf einer großen Karte zeigt er mir den kleinen Ort Luther am Nordrand des Bergmassivs.

»Bis dahin geht eine Schotterpiste, dann links abbiegen, direkt zum Bergmassiv. Da haben wir die größten Herden.«

Bis Luther dauert es eine halbe Stunde, und ab dort zieht sich die Fahrt, da der Feldweg in die Berge nicht unbedingt vantauglich ist. Der Bulli ruckelt und wackelt, wird er es überhaupt aushalten? Bald fahre ich durch unberührte Wälder am Hang der schneebedeckten Berge. Die Schotterpiste wird immer holpriger, der Motor des Bullis heult immer weiter auf, je stärker es bergauf geht. Was mache ich hier nur? Weit und breit kein Elch! Beim Aufheulen des Vans wird sich das wohl auch nicht ändern, und bald werde ich hier feststecken oder der Motor gibt auf.

Ich befinde mich mittlerweile im absoluten Nichts. Komme ich aus dem Dickicht des Waldes irgendwann wieder raus? Ich stelle den Motor ab, steige aus und warte in der Stille des tiefen Waldes. Wenn sich einer der 1,4 Elche hierher verirren sollte, dann wohl nur, wenn es absolut still ist. Aber leider verirrt sich keiner. Noch nicht einmal ein halber oder viertel Elch.

Die größte wandernde Elchherde der USA hat sich auch nach einer Stunde Warterei am Van nicht für mich entschieden. Ich gebe auf, fahre zwei Stunden lang aus dem tiefen Wald wieder heraus und muss mir eingestehen, dass ich diese Challenge wohl verloren habe. Die 1,4 Elche lachen sich bestimmt gerade ins Fäustchen, denke ich, als ich auf über 3.000 Meter Höhe abends in den Yellowstone National Park einfahre. Es sind unglaubliche Landschaften, wildwestromantische Prärien wechseln sich mit schnee- und gletscherbedeckten Höhen ab.

Der Yellowstone National Park ist der älteste Nationalpark der Welt. 1872 wurde er gegründet und ist durch Bergmassive, Wälder, Seen und Geysiere geprägt. Der größte Teil des Parks befindet sich in Wyoming, er erstreckt sich aber auch nach Idaho und Montana.

»Man findet hier Bären, Bisons, Wölfe und Elche in Hülle und Fülle«, lese ich in einer Parkbroschüre.

Was, Elche? Ich bin aufgeregt. Der Tag ist fast noch jung (20.43 Uhr) und ich kann die Elch-Challenge noch bestehen. Im Schritttempo geht es nun Passstraßen hoch und wieder runter, die Landschaften werden immer imposanter, bis ich anhalten muss. Vor mir traben Bisons langsam über die Straße und entscheiden sich, meine Elch-Challenge noch etwas spannender zu machen, indem sie sich plötzlich mitten auf der Straße niederlassen. Ich spüre diesen inneren Impuls, auf die Hupe zu drücken und aus dem Fenster zu rufen: »Weg da, ich muss heute noch Elche finden!« Aber meine Impulskontrolle funktioniert, denn das wäre ethisch vollkommen daneben und wohl meine sofortige Austrittskarte aus dem Park.

Ich atme tief ein und wieder aus. Nutz deine Meditationserfahrungen, denke ich mir. Tief einatmen, ein Bison hat das Recht, auf der Straße herumzuhängen. Tief ausatmen. Ein Bison ist ein Lebewesen, dass die gleichen Rechte besitzt wie ... ein Elch! Mir kommt das Thema wieder in den Kopf, und ich kann einfach nicht so richtig entspannen. Einigermaßen ruhig und meditativ rolle ich auf die Bisons zu. Ich möchte es nicht drängeln nennen, aber der Bison direkt vor mir versteht meine Kühlerhaube an seinem Hinterteil als eine Art Wink mit dem Zaunpfahl, steht auf und geht!

Erleichtert fahre ich weiter, und kurze Zeit später sehe ich in der Abenddämmerung auf der rechten Seite der Straße zwei Elche. Ich steige auf die Bremsen, beide Elche schauen mich verdutzt mit ihren langen Elchschnauzen an. Ich jubele im Van, mache schnell Fotos.

Erleichtert und mit einem unglaublichen Erfolgsgefühl übernachte ich in Cooke City, einem Westernstädtchen auf über 2.000 Höhenmetern. Ich feiere den Elcherfolg mit ein paar Bierchen im örtlichen Saloon, bevor ich die kälteste Nacht der Reise erlebe. Morgens um fünf wache ich auf und sehe meinen

Atem als weißen Nebel im Van. Mir ist unglaublich kalt und ich nehme mir vor, warm und wach zu werden, indem ich mich schon früh morgens in die nächste Challenge stürze.

Video-Tagebuch zur Challenge
http://my-challenge-coach.de/blog/3717

TAG 27 – STAAT 38
WYOMING, YELLOWSTONE UND JACKSON HOLE
14.380 KILOMETER

PENG!

Ich fahre über die Grenze zu Wyoming und mitten durch den imposanten und riesigen Nationalpark. Fotomotive an jeder Ecke, ob landschaftliche Reize oder diverse Tierherden am Wegesrand. Trotz aller Schönheit bahnt sich schon die nächste Krise an. Natürlich möchte ich den Yellowstone National Park recht zügig durchqueren, um keine Zeit zu verlieren. Aber das ist unmöglich, und zwar aufgrund folgender Schwierigkeiten:

- Ein Tempolimit von 25–40 Meilen pro Stunde,
- Bisons, die immer wieder die Straße mit ihrem Schlafzimmer verwechseln,
- Vornehmlich chinesische Touristen, die ihr Auto gerne mal mitten auf der Straße abstellen, um ein Foto zu machen.

Natürlich möchte ich kein Bison- und kein Touristenbashing starten. Aber ich werde an diesem Tag bis ans Äußerste auf den Geduldigkeitsprüfstand gestellt. Immer wieder vereiteln parkende Autos die Weiterfahrt, weil euphorische Touristen ein Tier gesehen haben, Fotos machen und dabei vergessen, dass hinter ihnen noch jemand weiter will.

Ich selbst gerate dann aber auch noch in die Rolle des Störenfrieds, und das noch viel schlimmer als jeder Tourist. Auf der Strecke durch den Park sehe ich plötzlich am Straßenrand einen Braunbären. Ich halte sofort an und bestaune dieses seltene Tier. Dann sehe ich auf der gegenüberliegenden Straßenseite in 50 Metern Entfernung zum Bären mindestens 30 Touristen mit Kameras und Weitwinkelobjektiven, die mucksmäuschenstill den Bären beobachten. Ich bekomme Handzeichen von einem der Fotografen, nicht weiterzufahren, um das wohlmöglich einzigartige Foto nicht zu versauen.

Ich hole meine eigene Spiegelreflexkamera aus der Tasche und will aussteigen, um mich leise in die Menge der Staunenden einzureihen. Dann passiert mir etwas, das mir auf der ganzen Reise noch nicht einmal passiert ist und hier, in dieser Situation, am allerwenigsten passieren darf: Die Ironie des Schicksals lässt mich beim Aussteigen mit der Hand über die Lenkradhupe gleiten, sodass es plötzlich kurz und laut »Töööt« macht. Ein Schock fährt durch meinen Körper. Was habe ich nur getan? Wie kann ich nur so unglaublich tollpatschig sein?

Der Bär dreht sich durch das Hupgeräusch etwas weiter ins hohe Gras, sodass er als einzigartiges Fotomotiv für die 30 Leute unbrauchbar wird. Ich bekomme unangenehme Blicke, die 30 mal sagen: Du Depp!

Ich merke, dass es noch viel schlimmer geht, als Reisenden die Straße durch abgestellte Touriautos zu versperren. Ich habe es definitiv weit überboten.

Eigentlich hatte ich für den Yellowstone National Park nur ein paar Stunden eingeplant, womit ich die Situation vollkommen unterschätzt habe. Nach dem Besuch des bekannten Geysirs Old Faithful verlasse ich nachmittags den Park und fahre gleich durch einen zweiten Nationalpark, den Grand Teton National Park. Mit seinen imposanten Bergmassiven erinnert er mich in seiner Pracht an die Schweizer Alpen.

Es ist 16 Uhr und ich erreiche Jackson Hole, ein Westernstädtchen außerhalb des Nationalparks. Dort lese ich, dass der Bundesstaat Wyoming einen fragwürdigen Rekord innehat: Sechs von zehn Haushalten in diesem Bundesstaat besitzen eine Schusswaffe.

CHALLENGE #38

Teste, wie viele Schusswaffen fünf zufällige Passanten besitzen!

Ich spreche zufällig fünf verschiedene Leute an. Als Erstes treffe ich Kim, eine Dame mittleren Alters.

»Klar, mein Mann hat ein Gewehr, ist doch normal«, sagt sie.

Danach spreche ich Nanci an, sie erledigt gerade Einkäufe in Jackson Hole.

»Mein Mann hat bestimmt 20 Pistolen und Gewehre im Haus.«

Ich kann meinen eigenen Ohren nicht trauen.

»Warum denn gleich 20, reichen da nicht drei oder fünf?«

Nanci erklärt, dass ihr Mann 75 Prozent von dem Fleisch,

das die Familie isst, selbst gejagt hat. Aber sie fügt auch hinzu, dass alle Waffen sicher im Safe aufbewahrt sind und alle Familienmitglieder ein Sicherheitstraining gemacht haben.

Als Drittes treffe ich Todd, ein freundlicher Typ Ende 20 in einem Pick-up, der überraschenderweise sagt, dass er keine Waffe besitzt. Er fügt aber hinzu, dass er durch eine Vorstrafe seine 15 Schusswaffen an seinen Vater abgeben musste. Dann erzählt er euphorisch von den Zeiten, als er mit seinem Kumpel irgendwo im Wald wahllos auf Gegenstände ballern durfte.

»Mann, hatten wir Spaß!«

Steve ist erst Anfang zwanzig und besitzt etwa fünf bis sechs Schusswaffen.

»Also, zwei Pistolen, drei Gewehre, eine Gaspistole und, warte mal, war da noch was? Wir jagen damit viel. Hier in der Wildnis gibt es viele Rehe, Antilopen und Elche.«

Habe ich da richtig gehört, Elche? Vielleicht war es so schwierig, die 1,4 Elche in Montana zu finden, weil Steve sie alle weggeballert hat? Der Gedanke an das ganze Tiertöten macht mich traurig. Nur wenige Kilometer entfernt wird der Tierreichtum im Yellowstone National Park von den Touristen zelebriert, und hier wird in der Natur herumgeballert, ohne dabei irgendwelche Scham zu haben. Na gut, das ist meine Sicht. Ich bin eben nicht so aufgewachsen, also mit Jagen.

Aber tatsächlich gibt in den USA sehr strenge Jagdgesetze und der Artenschutz steht immer vor dem Jagdinteresse. Deshalb ist es so, dass überhaupt nur gejagt werden darf, wenn es von einer Art zu viele Tiere in einem Bestand gibt. Und das wird kontinuierlich überprüft.

Weiter geht's mit meiner Suche nach Waffenbesitzern. Als Fünftes sehe ich eine recht attraktive Dame mit ihrer Tochter über die Straße gehen. Die Dame ist etwa Ende 30, hat blondiertes Haar, High Heels. Als ich sie anspreche, stellt sie sich als Sabine mit Tochter Klara vor, und ich höre sofort den deutschen Akzent.

»Seid ihr etwa Besucher aus Deutschland?«, frage ich sie.

»Nee, wir sind Österreicher und wohnen hier seit fünf Jahren, wegen des Skifahrens und der Natur.«

»Ihr werdet es kaum glauben, unter vier Passanten gab es gerade 28 Schusswaffen! Verrückt, oder?«

Sabine schaut erstaunt. »Ja, das ist schon krass. Wir haben in der Regel nur ein oder zwei Pistolen im Safe liegen.«

Ich frage mich still, ob ich gerade einem Versteckte-Kamera-Gag aufgesessen bin. Ich schaue mich um, nirgendwo Kameras, anscheinend nur Schusswaffen.

Sabine erzählt, wie sie samstags mit den Mädels immer zur Shooting Ranch geht, um ein bisschen zu ballern.

»Aber in Österreich hättest du das Hobby doch nicht gehabt, oder?«

»Nee, dazu kommt es hier einfach irgendwie durch die Leute.«

Jetzt hätte ich bei meinen fünf Testpersonen und ihren 30 Schusswaffen (plus die 15 Schusswaffen, die Todds Vater für ihn aufbewahrt) ganz klar eine konservative Haltung erwartet, zumal die Republikaner in den USA in der Regel schusswaffenfreundlichere Politik als die Demokraten umsetzen. Obama hat zwar auch kein Schusswaffenverbot gefordert, doch er hat sich während seiner Amtszeit immer wieder für mehr Waffenkontrolle eingesetzt. Immer wieder, wenn wieder unschuldige Menschen durch Schusswaffen ums Leben kamen.

Ich bin überrascht, die meisten Menschen, die ich hier kennenlerne, sind aus der Obama-Fraktion.: Alle fünf Testpersonen outen sich als lupenreine Demokraten. Sie kritisieren Trump stark und treten für eine liberale Politik und für eine

Waffenkontrolle ein, obwohl sie ihre Waffenliebe nie aufgeben würden, die durch ihre Wildwestgeschichte und die Jagd historisch stark geprägt ist.

Ich gehe weiter durch Jackson Hole und teste nun, wo ich im Ortsbild noch Schusswaffen entdecke. Zuerst betrete ich einen Hutladen, der Gewehre als Wandschmuck benutzt. Im örtlichen Juwelier sagt die Verkäuferin: »Vielleicht hab ich 'ne Knarre, vielleicht auch nicht, das ist Geheimsache«, und lacht.

Am Ende meines Rundgangs betrete ich eine Kunstgalerie. Hier ist klassische Wildwestkunst ausgestellt, natürlich Cowboys und Indianer mit vielen Gewehren versehen.

Wenig später besuche ich eine Shooting Ranch. Sabine aus Österreich hat die kulturelle Einrichtung ja schon beschrieben. Ich möchte selber feststellen, was dran ist am Spaß beim Rumballern.

Ich steige gleich ganz groß ein und wähle eine Art Maschinengewehr aus. Das Teil ist so groß, dass es per Stütze auf einem Untergrund stehen und ich meine Schulter unten durchschieben muss. Ganz wohl ist mir nicht dabei. Was mache ich hier eigentlich? Die Menschen mit Jagdgewehren gucke ich misstrauisch an und nehme ein Maschinengewehr in die Hand. Das braucht man nicht zum Jagen, das darf man noch nicht einmal zum Jagen nutzen. Das ist ein Kriegsgerät, das sollte man eigentlich gar nicht in die Hand nehmen. Aber gut, ich will jetzt etwas für mich klären: Schon als Kind hatte ich mich gefragt, ob Rambo Spaß hat, wenn er mit den riesigen Maschinengewehren um sich ballert, und es sah ehrlich gesagt für mich auch so aus. Ich selbst habe aber nur fünf Schuss für 100 Dollar.

Der »Lehrer« erzählt mir stolz, dass nur eine dieser fünf Zentimeter langen Geschosse auf der Stelle einen Bären umlegen würde. Ich finde den Vergleich relativ geschmacklos. Warum werden im Yellowstone National Park die Tiere als stolzes Heiligtum präsentiert, wenn man sie in einem Umfeld wie hier als

Jagdbeute sieht? Aber da kommen wieder meine Tierliebhabergefühle hoch. Tatsächlich gibt es auch im Yellowstone National Park immer wieder Phasen, in denen diskutiert wird, den Schwarzbären aus der Liste der geschützten Tiere zu nehmen, weil es so viele von ihnen gibt. Und hier in Wyoming ist Bärenjagd zwar grundsätzlich erlaubt, aber nur unter sehr strenger Aufsicht.

Ich bin froh, dass der Schießlehrer in diesem Zusammenhang nicht wieder die 1,4 Elche ins Spiel bringt, die nirgendwo zu finden sind.

»Wenn du abdrückst, wird sie heftig gegen deine Schulter zurückknallen!«

Bei dieser Aussage vergeht mir dann schon die Vorfreude aufs Schießen. Ich will hier nicht mit einer kaputten Schulter herausgehen.

Der Schießlehrer macht noch einen Kommentar, dass wahre Männer für den Spaß auch Schmerzen aushalten müssen, und los geht es. Ich ziele durch das Fadenkreuz im Fernrohr auf eine etwa 40 Meter entfernte Scheibe und drücke ab. Das Maschinengewehr schlägt so stark zurück, dass meine Schulter bestimmt 30 Zentimeter nach hinten gedrückt wird. Der Rückschlag ist so stark und der Knall so laut, dass ich mich total erschrecke und aufschreie. Der Schießlehrer schaut mich kritisch an und denkt wahrscheinlich, Weichei, Memme oder Loser.

»Komm, mach weiter, hast noch vier«, höre ich.

Das gleiche Trauerspiel wiederholt sich nun noch viermal. Abdrücken, riesiger Knall, fester Rückschlag, Schulterschmerzen, Aufschrei und mitleidiger und leicht angewiderter Blick vom Schießlehrer.

»Danke, wir haben es eilig, da ist der Ausgang«, höre ich noch, während ich zum Bulli humpele. Warum humpele ich eigentlich, mir tut doch nur die Schulter weh? Aber anscheinend hat der extreme Rückschlag meine ganze Körperspannung so durcheinandergebracht, dass ich erst mal ein paar Minuten brauche, um mich wieder ganz normal und locker bewegen zu können. Mir wird klar, dass ich die lokale Waffenlust definitiv nie teilen werde. Der Waffenselbstversuch hat mich eher noch mehr abgeschreckt.

Ich habe fertig mit Wyoming, dem Bundesstaat mit dem Rekord an Waffenbesitz. Hier haben viele Menschen Waffen, weil sie jagen. Und Jagen ist für zwar komisch für mich, aber ich sehe schon, dass es Sinn macht. Und am Ende meines Staatenbesuches merke ich noch etwas ganz anderes. Über Waffen in den USA kann ich gar nicht nachdenken, ohne nicht immer auch an diese schlimmen Momente zu denken, wenn wir wieder hören mussten, dass Menschen durch Schusswaffen ums Leben gekommen sind. Und auch das hört sich vielleicht komisch an, aber hier habe ich gesehen, dass es Menschen gibt, die aus einem vernünftigen Grund Waffen haben, und das ist irgendwie tröstlich.

Video-Tagebuch zur Challenge
http://my-challenge-coach.de/blog/3719

TAG 28 – STAAT 39
IDAHO, POCATELLO
14.000 KILOMETER

ICH ALS SCHMUTZFINK

Die Weiterfahrt nach Idaho findet noch am gleichen Abend statt, obwohl ich mit der Waffen-Challenge erst um 17 Uhr fertig bin. Aber ich will weiter, denn ich habe immer noch das Ziel, die 40 Tage zu knacken, und das Getrödel im Yellowstone National Park hat mich zurückgeworfen. Nur wegen Bisons und Touristen auf der Straße will ich nicht im Zeitplan nach hinten rücken. Also fahre ich, bis ich abends um 22 Uhr endlich ankomme.

Ich merke, dass ich mit meinem Ehrgeiz mein Limit überschreite. Beim Einfahren in die Stadt Pocatello biege ich versehentlich in eine Einbahnstraße, merke es aber schnell und entwische rechts auf einen Parkplatz, bevor ein Auto mit Lichthupe näher kommt. Dann parke ich den Van vor einer Bar. Ein kühles Bier ist genau das, was ich jetzt brauche!

In der Sportbar gehe ich als Erstes Richtung Toilette und höre ein lautes Pfeifen von der vollbusigen Bardame.

»Du kannst gerne auf die Frauentoilette gehen, musst mich aber schon mitnehmen!«

Vor Erschöpfung und Müdigkeit habe ich noch nicht einmal mehr das Geschlechterzeichen auf der Tür wahrgenommen. Mir wird klar, dass ich Richtung Zielgerade meiner 50-states-Challenge aufpassen muss, es nicht so weiter zu pushen wie heute.

CHALLENGE #39

Hinterlasse Schmutz im Sauberkeitsmuseum!

Ein Museum, das sich dem Thema Sauberkeit widmet, würde ich vielleicht irgendwo in Deutschland oder der Schweiz erwarten. Vielleicht in einem schwäbischen Dorf. Ich habe mal im bayrischen Dinkelsbühl gesehen, wie eine Frau früh morgens die Mülltonne mit einem Schwamm ausgewaschen hat. Genau dort würde ein Sauberkeitsmuseum gut passen. Aber nein, aus unerklärlichem Grund steht das Museum of Clean in Pocatello, Idaho.

Man fragt sich zu Recht, wie die für Deutschland so typische Sauberkeit ausgerechnet nach Idaho kommt, schließlich sind die beiden weit voneinander entfernt. Aber es gibt eine Verbindung. Nach langer Recherche habe ich herausgefunden, dass ein Drittel der US-amerikanischen Kartoffelproduktion aus Idaho stammt. Jede dritte Kartoffel in den USA stammt also hierher. Und nicht umsonst werden die Deutschen im Ausland ja auch oft Kartoffel genannt, neben Kraut und ähnlich leckeren Dingen. Ob es da vielleicht sogar tatsächlich einen Zusammenhang gibt zwischen Kartoffeln und Sauberkeit?

Ich möchte das Thema hier nicht vertiefen und werde jetzt auch nicht in Idaho nach dem Sauerkrautverzehr recherchieren. Das wird dann vielleicht meine nächste große Challenge: »Von Deutschland nach Idaho per Straßenreinigungsmaschine«. Aber dem Sauberkeitsmuseum muss ich trotzdem einen Besuch abstatten, um zu testen, wie penibel die Idahoaner tatsächlich sind.

Es beinhaltet eine beachtliche Sammlung der besten Seifen in der aktuellen Waschgeschichte, gefolgt von einer beachtlichen Staubsaugersammlung. Selbst der weltweit erste und älteste Staubsauger aus dem Jahr 1902 ist hier ausgestellt. Man stelle sich eine Pferdekutsche vor, die mit einem riesigen Gerät mit Schläuchen gefüllt ist. Genauso sieht er aus.

Mir persönlich gefällt die Putzlappen- und Besensammlung ganz besonders. Was es nicht alles für Lappen- und Besenarten gibt! Unterschiedliche Materialien, Größen, Techniken, Farben – man kommt aus dem Staunen kaum heraus.

Aber leider bin ich heute als eine Art Schmutzfink hier und muss heimlich etwas Dreck hinterlassen. Mir tut es leid, so etwas im Tempel der Sauberkeit, in einem so penibel gereinigten Ort tun zu müssen. Aber ich bin ja nur ausführendes Element an dieser Stelle und hole aus meiner Tasche ein Papier, in das mal eine Schokolade eingepackt war und nun Dreck und Staub aus meinem Van enthält. Es finden sich Erdnüsse, Kieselsteine, Papierreste, Staub, Sand und Stoffflusen darin, die ich diskret hinter der Putzlappensammlung auf den Boden fallen lasse. Ich schaue mich währenddessen unauffällig um, ob ich beobachtet werde. Die Luft ist rein, die Führung des Museums ist gerade damit beschäftigt, einer Schulklasse Badewannen aus dem 19. Jahrhundert zu zeigen. Und schwups, weg bin ich. Weiterfahrt nach Salt Lake City!

Video-Tagebuch zur Challenge
http://my-challenge-coach.de/blog/3721

TAG 28 – STAAT 40
UTAH, SALT LAKE CITY
15.100 KILOMETER

MEINE BEKANNTSCHAFT MIT MORONI

Am Nachmittag erreiche ich Salt Lake City, welches zwischen den Rocky Mountains eingebettet ist. Ich halte im Stadtzentrum direkt vor der Hauptzentrale, dem Tempel der Mormonen. Das Gebäude wirkt respekteinflößend: hohe, spitze Türme, die zwischen den modernen Bauten in Downtown hervorragen.

1830 hatte Joseph Smith diese Glaubensgemeinschaft gegründet, die sich an das Christentum anlehnt, aber *Das Buch Mormon* als eine Art zweite Bibel verwendet. Heute hat die Glaubensgemeinschaft eine Viertelmillion Mitglieder.

★
CHALLENGE #40

Werde zum Mormonen!

Wie soll ich das bloß angehen, frage ich mich, während ich das mit einer hohen Mauer umrandete Tempelgelände betrete. Direkt vor dem Tempel treffe ich Brad, der sich mir als Mormonenmissionar vorstellt.

»Wie werde ich denn zum Mormonen?«, frage ich ihn.

»Du musst als Erstes das Buch der Mormonen lesen, dann an unsere Geschichte glauben. Danach triffst du noch mal einen Missionar, und durch eine Zeremonie kannst du dann in die Glaubensgemeinschaft eintreten.«

Sobald Brad das Wort *eintreten* ausgesprochen hatte, treffen mehrere Männer in Anzügen und Sonnenbrillen ernsthaft an uns heran und fordern mich auf, meine Handkamera auszuschalten. Sind das etwa die Jungs vom Secret Service, die Hillary Clinton in Park Ridge beschützt haben? Die Antwort bleibt mir verwehrt, aber es wird klar, dass ich verschwinden soll. Komische Fragen zu stellen mit Kamera in der Hand kommt auf dem Mormonengelände wohl nicht so gut an.

Also, halte ich mich außerhalb der Tempelmauern auf, wo die Passanten ebenfalls hauptsächlich Mormonen sind. Man erkennt sie leicht an ihrer dunklen Kleidung, für westliche Gewohnheiten wirkt das recht konservativ und zugeknöpft.

Während ich weitere Leute zum Mormonenaufnahmeprozess befrage und gerade das heikle Thema Polygamie (ist wohl eine Mormonentradition, die heute zumindest offiziell abgelehnt wird) mit jemandem bespreche, merke ich, wie ich aus der Distanz von weiteren Männern in Anzügen und Sonnenbrillen beobachtet werde. Einer der Männer hat sogar ein Mikro am Mund. Ich fühle mich unwohl. Bin ich nun etwa eine auffällige Person, nur weil ich heute Mormone werden möchte?

Ich treffe etwas später Schwester Kirsten. Sie ist eine Mormonin aus Deutschland und hier zur Weiterbildung ein Jahr zum Austausch.

»Ich weiß, in Deutschland sind wir nicht so bekannt, dort verhalten wir uns eher zurückhaltend, anders als hier in Salt Lake City. Das Stadtbild ist ja sehr mormonisch geprägt.«

Ich erkläre ihr meine Staaten-Challenge und mein Vorhaben, Mormone zu werden, und Schwester Kirsten findet das sehr positiv. Somit würden schließlich auch mehr Außenstehende über den Prozess erfahren. Sie gibt mir *Das Buch Mormon* auf Deutsch als Geschenk.

»Lies dir die Zusammenfassung durch und verstehe sie. Dann kannst du das bei einer Ordensschwester widergeben.«

Ich sitze nun hinter dem Tempel, natürlich außerhalb der Tempelmauern, und studiere das Buch. Nicht ganz so dick wie die Bibel, aber auch hier gibt es viel zu erzählen. Die Geschichte ist nicht ganz leicht zu verstehen, denn sie mischt Elemente aus dem Neuen Testament mit Geschehnissen, die ein Christ wohl als Fiktion deuten würde. Ich beschäftige mich fast eine Stunde mit dem Inhalt, im Augenwinkel sehe ich immer wieder die Männer mit Anzug und Brille, wie sie unauffällig tun, als hätten sie nicht ein waches Auge auf mich.

Beim Studieren der Mormonengeschichte verstehe ich ein bestimmtes Detail nicht, so oft ich die Textstelle auch erneut lese. Also gehe ich hinter den Teich, der die Männer in Sonnenbrillen und mich trennt, und bitte sie höflich, mir zu helfen.

»Sorry, dass ich störe, ich lerne gerade die Mormonengeschichte. Hat Moroni *Das Buch Mormon* versteckt oder es Joseph Smith übergeben?«

Die Männer schauen mich still an, einen Inhaltsaustausch über ihre Religion mit mir hätten sie wohl nicht erwartet. Aber einer von ihnen antwortet ganz sachlich.

»Moroni hat das Buch damals vergraben.«

Damit habe ich die Geschichte vollkommen verstanden und konfrontiere nun eine Ordensschwester, die sogar einen höheren Status als ein Missionar zu haben scheint, mit meinem Wissen.

Die Ordensschwester heißt Samadeni, ist Ende 60 und reagiert aufgeschlossen darauf, dass ich ihr zwecks Mormonenaufnahme kurz meine Zusammenfassung vom *Buch Mormon* schildern möchte.

Ich bin etwas aufgeregt und hoffe, dass ich die Geschichte verständlich und kompakt wiedergebe, schließlich sind die Zeiten, in denen ich in der Schule Dinge vor einem strengen Lehrer vorgetragen habe, schon lange vorbei. Also fange ich an zu reden, neben Samadeni hören plötzlich auch noch andere Leute mit:

»Also, alles fing einmal mit den Neviten und den Lameniten in Jerusalem an. Die Neviten waren ein Volk, dem Jesus häufig predigte. Die Lameniten waren eine andere Volksgruppe, die sich später als die Vorfahren der amerikanischen Ureinwohner herausstellen sollten. So etwa 600 vor Christi entschieden sich die beiden Volksgruppen nach Amerika auszuwandern.«

Bis zu dieser Textstelle trage ich die Geschichte sehr flüssig vor, obwohl es mir auf Englisch mit den ungewöhnlichen Namen der Volksgruppen nicht ganz leicht fällt. Aber dann komme ich bei der Auswanderung in die USA ins Stocken, da ich mich frage, wie Kolumbus der Entdecker Amerikas sein kann, wenn angeblich schon 1.000 Jahre früher ganze Volksgruppen von Jerusalem dorthin ausgewandert sein sollen. Aber ich rede weiter.

»Die Neviten und die Lameniten zerstritten sich leider in Amerika heftig, die Dinge liefen nicht so gut. Im frühen 19. Jahrhundert erschien dann Moroni auf der Bildfläche. Er war der Sohn von Mormon, der übrigens *Das Buch Mormon* aus vielen Schriften zusammengestellt hatte. Moroni vergrub eines Tages *Das Buch Mormon* vor einem Baum. Dort fand es wenig später Joseph Smith, der Gründer dieser Kirche, und schuf offiziell die Mormonenreligion.«

Ich atme tief durch und schaue Schwester Samadeni recht zufrieden an, da ich Sorgen hatte, mich mit den ganzen Details total zu verheddern, was nicht passiert ist.

»Schon ganz gut, wie du es vorgetragen hast, nur ein paar kleine Detailfehler«, reagiert Schwester Samadeni. »Damit bist du einen Schritt weiter.«

Ich bin erleichtert, dass es geklappt hat. Die Schwester erklärt mir den nächsten Schritt zur Aufnahme.

»Du musst dich entscheiden, ob du das so glaubst. Wenn ja, kommt dann natürlich noch die Zeremonie, die etwas länger dauert.«

Für mich ist klar, dass ich die Entscheidung des Glaubens heute nicht treffen kann. Einfach nur ja sagen, um die Aufnahme für die Challenge zu bestehen, geht nicht, und nein heißt wohl auch, dass ich die Challenge nicht bestanden habe. Deshalb entscheide ich mich, es offen zu lassen auf unbestimmte Zeit.

Auf dem Weg zum Van durchquere ich noch einmal das Mormonentempelgelände und höre durch laute Orgelgeräusche, dass im Inneren eine Zeremonie abläuft. Ich schleiche mich hinein und bin überwältigt von der wohl größten und lautesten Orgel, die ich jemals gehört und gesehen habe.

Ich stelle fest, dass die Mormonen sehr viel darauf setzen, durch ihre monumentale Architektur und Zeremonie Eindruck und Größe zu schaffen, was bestimmt einige Leute anzieht.

Nach der Mormonen-Challenge brauche ich unbedingt eine Pause. Ich sitze in einem amerikanischen Diner und esse ein riesiges Steak, denn ich bin total erschöpft von allen Aktivitäten dieser Reise.

Die Kellnerin ist typisch amerikanisch super freundlich und aufgeschlossen. Wir haben Small Talk, ich kann ihr sofort von meiner Reise erzählen, bekomme euphorische Reaktionen und fühle mich recht wohl.

Bevor ich das Steak aufgegessen habe, kommen weitere typisch amerikanische Eigenheiten, die Europäer überraschen können. Die Rechnung wird auf den Tisch gelegt.

»Keine Hektik, bleib so lange du willst, ich wollte sie nur schon mal hinlegen.«

In Europa wäre das wohl tabu, da es einen regelrecht aus dem Restaurant drängt. Aber in den USA ist es nicht vorgesehen, dass Kunden nach dem Essen noch länger herumsitzen. Zeit ist Geld, also raus, und das gemischt mit einer Freundlichkeit, die jeden Deutschen wohl in totale Verwirrung stürzen kann.

Fünf Minuten später steht die Kellnerin wieder am Tisch.

»Oh, ich wollte nur mal schauen, ob deine Kreditkarte schon in dem Rechnungshefter liegt.«

Ich bin genervt. »Nein, noch keine Karte bei der Rechnung, weil ich noch esse.«

Damit habe ich nun ein amerikanisches Tabu gebrochen, denn solche direkten Aussagen gehören nicht in die gesellschaftliche Kommunikation. Die richtige Antwort wäre gewesen: »Oh, danke, ja, sehr gerne, ich lege sie gleich rein. Super, dass du noch mal nachfragst, total lieb von dir.« Dann hätte die Kellnerin geantwortet: »Oh, nein, doch überhaupt keine Eile, bleib so lange du willst, lieber Gast!«

Durch meine direkte Antwort nach deutscher Art wird dieser vorgeschriebene Ablauf tragisch unterbrochen. Die arme Kellnerin schaut mich erschrocken an, natürlich kann sie darauf keinen Feel Good Talk mehr machen und geht verärgert weg. Mir tut es leid, aber ich hab's kaputt gemacht. Heute bin ich einfach zu erschöpft, um kulturell übergreifend zu reagieren. So sitze ich nun weiter am Tisch und merke, wie die Kellnerin mich aus der Entfernung beobachtet. Schließlich muss ich ja irgendwann raus aus dem Laden. Ich füge meine Kreditkarte in den Schlitz und gebe in zweiter Runde, nachdem sie mit der offiziellen Rechnung inklusive Trinkgeldfeld zum Ausfüllen zurückkommt, 20 Prozent Trinkgeld, wie es in den USA

Usus ist. Europäische Kunden gelten in US-Restaurants oftmals als Geizhälse, die niemand bedienen will, weil sie Trinkgelder in dieser Höhe nicht gewohnt sind. Da ich dieses Tabu aber nicht auch noch breche, ist alles wieder gut. Wir verabschieden uns freundlich.

Ein weiterer Unterschied zu europäischen Restaurants ist wohl auch das Mitnehmen von übriggebliebenem Essen. Man stelle sich vor, man sitzt in Paris im Restaurant und bittet den Kellner, die Essensreste in eine Plastiktüte zu packen, damit man sie mitnehmen kann. In den USA ist das Standard, und es macht ja auch Sinn, nicht alles immer wegzuschmeißen. Ich habe mal von US-Touristen in Italien gehört, die große kulturelle Missverständnisse ausgelöst hatten. In jedem Restaurant fragten sie nach einer Plastiktüte für das übriggebliebene Essen, was wohl bei den Kellnern den Eindruck vom elenden Gesindel aus Amerika hinterlassen hat. Beim Trinkgeld haben sie dann aber problemlos 10–20 Euro abgedrückt, womit jeder Kellner wohl komplett überfordert und verwirrt war.

Video-Tagebuch zur Challenge
http://my-challenge-coach.de/blog/3723

TAG 29
900 KILOMETER DURCH WYOMING NACH NEBRASKA

AUUUUUUUTSCH!

Der Tag 29 wird mir wohl noch lange in Erinnerung bleiben als Tag der Einöde, der Langeweile und des Schmerzes. Ich fahre von Utah durch Wyoming nach Nebraska von morgens 7 Uhr bis abends 20 Uhr. Immer nur fahren, fahren, fahren. Landschaftlich fängt es noch spannend mit Bergen und Canyons an, aber dann wird es so richtig langweilig. Ich durchfahre das große NICHTS. Keine Bäume, keine Kurven, einfach nur karge Landschaften.

So eine Fahrt kann dann plötzlich sehr wehtun. Deshalb entwickele ich kleine Spiele gegen die Langeweile. Die Geschwindigkeitsbegrenzung liegt hier bei 80 Meilen pro Stunde. Logischerweise kann man damit keine Rennen gegen andere Autos oder Laster starten. Aber ich merke, wie doch fast jeder in diesen unendlichen Weiten versucht, zumindest zwei bis drei Meilen pro Stunde drüber zu sein, um gaaaaaaanz langsam andere Autos zu überholen. So absurd das klingt, aber diese Überholmanöver in Zeitlupe sind die einzigen Freuden des ganzen Tages: Schaffe ich es den Laster am Horizont einzuholen, ohne das Risiko einzugehen, geblitzt zu werden und den Führerschein zu verlieren?

Und das darf natürlich überhaupt nicht geschehen. Wie schlimm wäre es, im 40. Bundesstaat von 50 den Führerschein zu verlieren, weil mir einfach zu langweilig war? Das würde ich mir wohl nie verzeihen.

Also, halte ich mich daran, maximal 3–5 Prozent zu schnell zu fahren. Ich weiß von amerikanischen Freunden, dass man damit gerade noch durchkommt.

Es gibt nun also Szenen, in denen ich über fast eine Stunde hinweg einen Lkw am Horizont im Auge habe und mich ihm nur im Schneckentempo nähere, aber jede Wahrnehmung der Distanzverkürzung gibt ein Erfolgserlebnis und erlöst mich von der Langeweile.

Genauso umgekehrt: Ich beobachte Autos und Lkw hinter mir, wie sie langsam an mich herankommen und teilweise nicht abzuschütteln sind. Wenn ich dezent schneller fahre, bleiben sie an mir kleben. Das kann unangenehme Konsequenzen haben. Ich erinnere mich an den Horrorfilm *Duel* von 1971 von Steven Spielberg, in dem ein mysteriöser Horrortruck Autofahrer verfolgt und versucht zu töten, ohne dass man durch die Windschutzscheibe jemals einen Fahrer erkennen kann. Die penetranten Verfolgungen lösen im Zuschauer Ängste aus, worauf der Thriller natürlich auch abzielt.

Auf meiner Fahrt durch Wyoming während meines Aufholspielchens klebt plötzlich ein auffällig ähnlicher Truck an meinen Fersen. Selbst bei der schon riskanten Beschleunigung auf 85 Meilen pro Stunde, bleibt er dran. Mir kommen immer wieder Filmszenen aus dem alten Schinken in den Kopf. Welche Angst so eine dezente Verfolgungsjagd in einem doch auslösen kann! Ich steigere mich ziemlich in diese fiktive Situation rein, bis ich mich selbst in so einer Situation sehe. Das klingt jetzt ein bisschen negativ, ist es aber nicht, denn es bringt den riesigen Vorteil mit sich, die unendliche Langeweile des Tages zu durchbrechen. Deswegen bin ich schon fast ein bisschen enttäuscht, als der Killertruck hinter mir irgendwann plötzlich an der einzigen Abfahrt weit und breit abbiegt – neben der Erleichterung, überlebt zu haben, natürlich. Puuuuuh ...

TAG 30 – STAAT 41
NEBRASKA, KIMBALL
16.000 KILOMETER

LANGEWEILE TEIL 2

Das Thema Langeweile beschäftigt mich am Tag darauf immer noch, denn ich bin im Bundesstaat Nebraska und dieser wird hinter vorgehaltener Hand immer wieder als langweiligster Bundesstaat betitelt. Irgendwie gemein, aber es geht noch weiter. Einzelne Blogger haben die Stadt Kimball zur langweiligsten Stadt im langweiligsten Staat gekürt.

Ich steige morgens von der Rückbank in meinem Van auf und schaue die Main Street entlang. Sie ist total leer, mausetot, keine einzige Person hat sich in die frühmorgendliche Innenstadt von Kimball verirrt. Also nutze ich den Luxus und schlendere über die große Kreuzung zwischen den beiden Tankstellen und halte in der Mitte ein kleines Kaffeepäuschen. Interessant, so einen ruhigen Ort zu erleben. Aber Langeweile kommt bei mir nicht auf. Der Ort wirkt eher beruhigend, und nach 900 Kilometern Woyming und einem Tag des konstanten Fahrens ist ehrlich gesagt gar nichts mehr langweilig.

CHALLENGE #41

Finde heraus, inwiefern der Clinton-Trump-Wahlkampf die Langeweile vertrieben hat!

Ich frage mich, ob der ganze Trubel um den aktuellen Wahlkampf irgendetwas an der ruhigen Idylle dieses Ortes verändert hat, und übe mich derweil in Geduld. Diese Charaktereigenschaft muss man wohl besitzen, wenn man hier auf einen Gesprächspartner wartet. Und dann steht er plötzlich da. Gary ist 32, Latino und versucht gerade einen riesigen Teppich in ein Haus zu tragen. Wir kommen ins Gespräch und er bestätigt, dass es in Nebraska recht langweilig sein kann. Allerdings gibt es hier und in Wyoming durch die Kohle und Ölindustrie Arbeitsplätze, was ihn hier hält.

Er findet, dass es während des Wahlkampfs leider immer noch so langweilig ist wie vorher, auch wenn man im Fernsehen skandalöse Aussagen von Donald Trump hört.

»Ab und zu reden wir über die beiden, aber spannender hat es das Leben hier nicht gemacht.«

Ich gehe davon aus, dass Gary als Latino Trump-Gegner ist, da Trump schließlich oft gegen die Latinos wettert und eine Mauer zu Mexiko bauen will. Aber er überrascht mich.

»Nee, nee, ich wähle schon Trump, weil die Demokraten hier die Öl- und Kohleindustrie abgebaut haben, um erneuerbare Energien zu schaffen. Trump will Öl und Kohle behalten, also ist er mein Mann. Viele andere hier denken auch so. Obama hat uns nicht geholfen.«

Ich treffe Jonathan, der in der Ölförderung arbeitet. Er hat die gleiche Haltung. Trump = Öl = Arbeit. »Egal wie der Typ drauf ist, ich will meinen Job nicht verlieren!«

Danach treffe ich Angie und Penny vor einer der beiden Tankstellen im Ort. Angie ist von Kalifornien nach Nebraska gezogen und sieht das Positive im Vordergrund:
»Die Menschen hier sind authentisch und bodenständig, genau mein Ding.«
Bei beiden entlädt sich ein politischer Frust, der sich gewaschen hat.
»Wir haben wirklich genug von diesen Clintons, irgendwann reicht es, nach Jahrzehnten! Und Trump ist unberechenbar, da kann man gar nichts voraussagen, selbst wenn er mehr für Öl und Gas steht.«
Die beiden scheinen das Klischee über diese Region nicht zu bestätigen: Angesichts ihrer hitzigen Argumente gegen Clinton und Trump kann man wohl nicht von Langeweile sprechen. Ich würde sagen: Challenge bestanden!

Video-Tagebuch zur Challenge
http://my-challenge-coach.de/blog/3725

TAG 30 – STAAT 42
COLORADO, DENVER
16.210 KILOMETER

MEIN ZWEITES ZUHAUSE

Es fühlt sich irgendwie komisch an, nach Colorado zu fahren, denn dieser Bundesstaat ist seit 2014 mein zweites Zuhause neben Berlin. Colorado ist geprägt durch die überwältigende Natur der Rocky Mountains und hat eine Durchschnittshöhe von über 2.000 Metern. Hinzu kommen fast 300 Tage Sonne im Jahr. All das erklärt, warum ich hier seit zwei Jahren teilweise wohne. Seitdem ich die Greencard habe, verbringe ich viel Zeit hier und genieße die Schweiz Amerikas.

Ich befinde mich mitten auf dieser extremen Achterbahnfahrt und könnte mich gleich in Boulder ins Bett legen. Das passt einfach nicht zusammen, und so fahre ich erst gar nicht in meine Wohnung. Die gibt es erst wieder, wenn ich die Reise beendet habe.

Schnell widme ich mich der nächsten Challenge, um mich vom Gedanken an mein vertrautes Heim abzulenken.

CHALLENGE #42

Verlasse Colorado erst, wenn du ein Kilo Gewicht abgenommen hast!

Colorado hält den amerikanischen Superlativ, der schlankste Staat zu sein. Hier sind die Einwohner im Durchschnitt am leichtesten und spiegeln nicht das Klischee des dicken Amis wider. Die Menschen haben den Ruf, viel Sport zu treiben und sich gesund zu ernähren. Und da ich ja zumindest teilweise zu den Einwohner zähle, sollte das auch für mich gelten!

Ich halte an der Nordgrenze Colorados zu Nebraska. Ein riesiges Schild mit der Aufschrift »Welcome to Colorado« prankt hinter mir, neben mir rauscht der Verkehr des Freeways, während ich auf meiner Waage am Straßenrand stehe. Diese Waage wartet nun schon einen Monat hinten im Van darauf, endlich genutzt zu werden: 83,7 Kilogramm. Bei 1,83 Metern ein gutes Gewicht, wenn man bedenkt, dass ich vor drei Jahren noch zehn Kilo mehr gewogen habe.

Nun muss ich es auf 82,7 Kilo schaffen, um Colorado an seiner Südgrenze wieder verlassen zu dürfen. Auf der Fahrt Richtung Denver fange ich an, viel Wasser zu trinken, um ein aufkommendes Hungergefühl für den Rest des Tages zu unterdrücken. Zusätzlich kaufe ich Nikotinkaugummis. Normalerweise kaut man die, um sich das Rauchen abzugewöhnen. Ich nutze sie aber, um durch ihr Nikotin weiterhin das Hungfühl zu drosseln.

Abends halte ich in Denver an, denn dort haben Freunde von mir eine Fifty-States-of-Wigge-Party organisiert. Es ist toll, alle wiederzusehen. Mein Freundeskreis in Denver besteht aus einer Mischung von Amis, Deutschen und anderen Europäern, eine lustige Gruppe von Menschen, die es alle mal nach Colorado verschlagen hat, wegen Job, Frau, Wetter, Skifahren, Natur. Oder weil sie, wie ich, einfach Lust darauf hatten.

Aber einige meiner Freunde und Bekannten schaffen es leider nicht zur Party. Es ist ein Wochentag und nicht jeder hat um 18 Uhr Feierabend. Die USA haben eine extreme Arbeitskultur, die europäische Gewohnheiten weit überschreitet. Es gibt oftmals nur 10–15 Tage Urlaub pro Jahr, Statistiken zeigen, dass viele Überstunden gemacht werden. Ein Leben als Angestellter oder auch als Selbstständiger, der es zu etwas bringen will, kann zum größten Teil von Arbeit geprägt sein. Geschäftsreisen, Überstunden und andere Verpflichtungen gegenüber der Firma gehören zum Alltag. Und das ist für mich eine Kehrseite des American Dreams, die leicht übersehen wird. Dieses Land ist bunt, Unterhaltung und Konsum stehen genauso weit oben wie die tollen Landschaften und ungeheuerlichen Errungenschaften der Amis, zum Beispiel die beeindruckenden Innenstädte des Landes mit ihrer imposanten Architektur. Aber das Ganze hat einen Preis: viel Arbeit und wenig Freizeit.

Wir sitzen in einem Restaurant und es wird getrunken und gegessen, während ich nach wie vor nur Wasser trinke. Kristana, eine Freundin von mir, sitzt neben mir und lacht sich schlapp, während sie mit vollen Zügen das Abendessen reinschaufelt.

»Da muss der Wiggy heute wohl Wasser trinken. Super Challenge! Aber toll, dass du da bist.«

So vergeht der Abend, und ich werde irgendwann noch mit einem Glas Rotwein schwach, aber die großen Kalorienbomben schaffe ich zu vermeiden.

Am nächsten Vormittag fahre ich etwa fünf Stunden Richtung Süden zur Grenze von New Mexico, immer an der sogenannten Frontrange entlang, dem östlichen Kamm der Rocky Mountains mit seinen 4.500 Meter hohen, schneebedeckten Bergen.

Am großen Willkommensschild von New Mexico stelle ich mich wieder auf die Waage. An diesem Vormittag habe ich nur das Nötigste gegessen und mich hauptsächlich mit den Nikotinkaugummis und viel Wasser über Wasser gehalten. Ich kann es kaum erwarten, in New Mexico ins nächste Restaurant zu gehen, so groß ist mein Hunger!

Die Waage zeigt aber 83,1 Kilo an. Habe ich nur 600 Gramm abgenommen? Ich bin irgendwie enttäuscht, da die 24 Stunden nicht so angenehm waren. Mir bleibt nichts anderes übrig als in der Hitze einen Dauerlauf um den Van zu starten. Zwischendurch halten Touristen neben mir an, um sich vor dem New-Mexico-Schild zu fotografieren. Ich sehe ihre irritierten Blicke zu mir herüber, während ich in den Trainingsanzug gehüllt meine Runden um den Van drehe.

Nach 20 Minuten ist dann wirklich Schluss. Ich bin nassgeschwitzt, mein Magen knurrt und die Waage zeigt 82,8 Kilo an. Die 100 Gramm sind mir echt egal und ich sehe die Challenge als bestanden an. So genau kann die Waage das eh nicht sagen, schließlich kommt es auch immer auf den Untergrund an. Steht die Waage auf hartem Beton, ist es ein anderes Ergebnis, als wenn sie auf einem Teppichboden steht.

Ich fahre weiter und hole mir hinter der Grenze einen riesigen Burger. Mit der angeblich ja eigentlich sehr gesunden Lebensweise der Einwohner von Colorado hatte meine Challenge zugegebenerweise wenig zu tun. Colorado hat diesen leichtgewichtigen Ruf schließlich aufgrund von viel Bewegung und guter Ernährung. Da war mein schnelles Herunterhungern nicht gerade vorbildlich. Die gesunde Mitte ist wie immer wohl der richtige Weg.

Video-Tagebuch zur Challenge
http://my-challenge-coach.de/blog/3727

TAG 31 – STAAT 43
NEW MEXICO, ALBUQUERQUE
16.550 KILOMETER

WALTER WHITE, DIE LATINOS UND DONALD TRUMP

Albuquerque, die Hauptstadt New Mexicos, hat in den letzten Jahren einen zwielichtigen Ruf durch die TV-Serie *Breaking Bad* erhalten. Die Hauptfigur Walter White ist ein älterer Chemielehrer an einer Schule, der heimlich anfängt, die Droge Crystal Meth zu produzieren, und dadurch zum Drogenmogul aufsteigt. Diese Geschichte über Drogenschmuggel und die Unterwelt in der Nähe zu Mexiko hat ein nicht ganz so schönes Bild der Stadt kreiert. Und ich höre schon seit Jahren immer wieder amerikanische Freunde sagen, dass man in Albuquerque aufpassen muss, da die Stadt wirklich eine hohe Kriminalitätsrate hat.

Ich habe lange im Netz gestöbert, bis ich die Adresse von Walter Whites Haus ausfindig gemacht habe. Natürlich wohnt da in Wirklichkeit nicht Walter White und kocht gerade wieder Unmengen von Crystal Meth, sondern eine stinknormale Familie, die das Haus für die Dreharbeiten der Serie vermietet hatte.

Ich bekomme ein Gefühl von Verruchtheit und spüre den Reiz des Verbotenen, als ich vor der Filmkusse stehe. Hier ist Walter ein und aus gegangen, hat seine Frau und seinen Sohn belogen und wurde natürlich auch fast ermordet, denke ich, bis ich die Stimme einer Dame mittleren Alters höre.

»Mann, jetzt glotz nicht so, hier gibt es keine Drogen, wir wollen unsere Ruhe haben!«

Hinter einem Baum im Vorgarten sehe ich eine Familie auf einer Bank sitzen, natürlich die Familie, die dort wohnt. Neben der Frau sitzen ihr Sohn und ihr Ehemann, der eine Atemhilfe trägt.

»Entschuldigung, ich wollte mal kurz was fragen«, sage ich höflich.

»Nein, hier wird nichts gefragt, du bist der 100. Besucher heute, und das geht seit drei Jahren jeden Tag so. Wir wollen endlich unsere Ruhe haben.«

Ich gehe auf die andere Straßenseite, denn die Ansage war klar. Die Familie hat irgendwann ein Geschäft gemacht und das Haus an die Filmproduktion vermietet, ohne zu bedenken, dass eine Kultserie entstehen könnte mit Serienpilgern, die noch Jahre später vor der Tür stehen. Wenn es wirklich 100 Besucher am Tag sind, muss das der wahre Horror für die Familie sein, besonders, weil Fans der Serie wirklich einen Walter White in diesem Haus sehen wollen, und nicht die Familie. Ich bin mir sicher, dass sie immer wieder gefragt werden, ob sie Walter White kennen oder schon mal heimlich Crystal Meth gekocht haben.

Auf der anderen Straßenseite treffe ich ein Pärchen aus den Niederlanden. Sie sind beide um die 40 und bereisen die westlichen USA.

»Wir sind große Fans der Serie, deshalb mussten wir unbedingt das Haus von Walter sehen«, sagt sie.

Ich frage, ob sie auf ihrer Urlaubsreise etwas von der politischen Stimmung im Land mitbekommen haben, schließlich ist die Entwicklung um Trump und Clinton relativ spektakulär.

»Klar, wir sind sehr geschockt«, antwortet er. »Trump kommt uns wie ein Faschist vor.«

Und damit bin ich auch schon bei meiner Challenge des Tages.

CHALLENGE #43

Finde heraus, wie die vielen Latinos in New Mexico zu Trump stehen!

Fast jeder zweite Bewohner New Mexicos ist Latino oder hat lateinamerikanische Wurzeln. Der Bundesstaat hat somit die höchste Latinobevölkerungsdichte der ganzen USA.

Ich habe am Anfang meiner Recherche in Downtown Albuquerque die voreingenommene Haltung, dass die Latinos Trump so richtig hassen, da er ja eine Mauer zu Mexiko bauen will und sich nicht wirklich multikulturell gibt. Doch es kommt ganz anders.

Ich treffe Filipe, einen mexikanischen Einwanderer, der schon lange in den USA lebt.

»Ich wähle für Trump, damit der endlich die ganzen illegalen Einwanderer rausschmeißt.«

Ich frage überrascht nach, ob er nicht lieber einen latinofreundlichen Präsidenten haben möchte.

»Nee, die Illegalen nutzen doch alle die USA aus. 11 Millionen sind es!«

Dann treffe ich Carlos an einer Straßenecke. Er sieht beide Seiten: »Ja, Trump kommt schon verrückt rüber, aber ich will nicht, dass mir andere Latinos den Job wegnehmen.«

Ich merke, dass es in einer Einwanderungsgesellschaft wie hier bei den Latinos in den USA ein starkes Konkurrenzgefühl zu neuen Einwanderern gibt. Diese werden manches Mal nicht als Brüder und Schwestern gesehen, die jetzt auch noch ankommen, sondern als eine bedrohliche Konkurrenz. Im Wunsch um Anerkennung im Land der Immigration möchte man sich klar von den Neuen abgrenzen.

Mir ist dieses Phänomen auf meinen vielen Reisen durch die Welt schon oft aufgefallen. Einwanderer, die plötzlich konservativer rüberkommen als viele Einheimische. So habe ich mit Einwanderern in Europa gesprochen, die kein Verständnis für Flüchtlinge haben. Ich kenne Deutsche in Amerika, die mit mir kein Deutsch sprechen wollen. Und so gibt es wohl auch viele Latinos, die auf Trump stehen, so bizarr das erst mal klingen mag.

Diese Spannung innerhalb der Latinoszene wird im Linsy's Diner deutlich. Das Restaurant hat Kultstatus in Downtown Albuquerque, da es schon fast 100 Jahre existiert. Der amerikanische Charme mit den Ventilatoren unter der Decke, dem typischen Diner-Stil der 60er und der langen Theke aus Metall ist kaum zu überbieten. Geführt wird der Diner von Latinos. David hat mexikanische Wurzeln und ist hier der Koch. Dillon ist der Bartender und hat alles hinter der Theke fest im Griff. Beide sind Ende 20 und haben gegensätzliche Meinungen zu Trump.

David erzählt mir, dass er sich Sorgen macht:
»Wenn der an die Macht kommt, haben meine Verwandten aus Mexiko keine Chance mehr, mich zu besuchen.«
Dillon sieht in Trump eher eine Chance:
»Unser Land hat zu viele Schulden, Trump als Geschäftsmann wird das Problem lösen.« Er sieht für die Latinos kein allzu großes Problem. »Der ist doch gar kein Rassist, er will doch nur die Illegalen rausschmeißen.«

Nachdem ich mit beiden einzeln gesprochen habe, stehen wir nun vor der Küche, und ich möchte wissen, wie beide zusammenarbeiten können, wenn ihre Meinungen so gegensätzlich sind. Diese Frage kommt unweigerlich auf, zumal David und Dillon auch gute Freunde sind und die ganze Zeit vor mir Scherze machen.

»Also wir nehmen Politik so wie den Sport. David gehört zum Team Demokraten und ich zum Team Republikaner«, sagt Dillon. »Wenn ein Team verliert, kann man damit schon umgehen.«

Aber dann fügt er noch etwas Interessantes hinzu, nämlich, dass 80 Prozent der Bevölkerung ohnehin irgendwo in der politischen Mitte steht.

»Wenn man ehrlich ist, unterscheiden sich die Meinungen oftmals gar nicht groß. Das Kreuzchen bei dem einen oder anderen kann auch schon mal von der Tagesform abhängen.«

David und Dillon scherzen weiter. Ihre politischen Unterschiede spielen im täglichen Umgang keine Rolle. Der amerikanische Sportsgeist klingt wohl in politischen Bezügen vollkommen oberflächlich. Trotzdem sehe ich in der Haltung etwas sehr Gutes. Mir ist immer wieder aufgefallen, dass Sportfans in den USA und in Europa komplett andere Verhaltensweisen zeigen. In Europa muss man beim Fußball im Stadion manches Mal aufpassen, nicht einen auf die Mütze zu bekommen. Wir kennen alle das Problem von Hooligans, Alkohol und Typen, die durch die Sportveranstaltungen Druck ablassen. In den USA hingegen wäre Gewalt beim Baseball- oder Footballspiel schier undenkbar. Es laufen Maskottchen am Spielrand herum, die von Kindern beknuddelt werden, Familien essen Popcorn und trinken aus 2-Liter-Colabechern. Sportereignisse werden hier für Familienausflüge genutzt. Ich bin immer wieder überrascht, wie friedlich Sportfans in den USA sind und wie gut man dem Gewinner gratulieren kann.

Ein gutes Beispiel war das Freundschaftsspiel von Bayern München letztes Jahr in Portland, Oregon. Der Trainer Pep Guardiola schüttelte nach dem Spiel dem Trainer von Portland nicht die Hand, da er eine Regelentscheidung ungerecht fand – okay, das war Pep Guardiola. In den USA war diese Szene eine Peinlichkeit sondergleichen. Egal wie ein Spiel ausgeht, egal wie ungerecht du es fandest, es gehört zum amerikanischen *sportsmanship*, fair zu sein, dem anderen Anerkennung zu geben und am Ende die notwendige Höflichkeit zu behalten. Abhauen ohne Händeschütteln wird als Schwäche und fehlender Respekt gesehen. Und das sehe ich immer wieder, sowohl bei Spielern als auch bei Fans in den USA. Ich werde immer wieder von Amis gefragt, warum es Hooligans in Europa gibt. Sie verstehen einfach nicht, warum man Sport mit Gewalt verbindet. Für mich ist das eine unglaubliche Qualität, die die Amis in dem Punkt haben. So können sie anscheinend sogar die Politik im Zwischenmenschlichen entschärfen.

Ich übernachte in Albuquerque nicht im Van, da mir die Sicherheitslage nicht gut genug erscheint, und bekomme eine Couchsurfingübernachtung bei Claire und Phil. Sie wohnen sehr nahe an Downtown, sodass man zu Fuß gehen kann.

Claire wartet mit ihren drei Hunden schon im Vorgarten auf mich, als ich mit dem Van vorfahre. Ich schaue mich um, die Nachbarschaft wirkt nicht sehr vertrauenserweckend. Also nehme ich alle Wertsachen und das Kameraequipment lieber mit ins Haus.

»Ja, gute Idee, das hier ist 'ne Scheißgegend«, sagt Claire, als ich mit den Sachen aus dem Van steige. »Schau mal da oben, die Überwachungskamera an der Dachrinne. Die ist ein Fake, wirkt aber Wunder. Dieses Jahr hat hier niemand mehr eingebrochen.«

Claire erzählt mir, dass sie es hier trotzdem mag. Sie ist Sozialarbeiterin und hat für sozial schwache Gegenden eine Schwäche. Die Umstände in ihrer Nachbarschaft spielt sie etwas herunter.

»Es reicht schon, das Gartentor abzuschließen, dann kommen die nicht mehr rein. Es sind halt faule Gelegenheitsdiebe, die noch nicht mal über den Zaun springen wollen.«

Als wir im Sonnenuntergang ein Bier im Vorgarten trinken, beobachte ich, wie Obdachlose vor dem Haus auf und ab gehen. Einige von ihnen scheinen psychische Probleme zu haben und sagen Dinge ins Leere, die keinen Sinn machen. Ich mache mir Gedanken über dieses Land und seine Extreme. Diese Szenen wären zum Beispiel in Boulder undenkbar. Ich habe da eigentlich noch nie einen Bettler gesehen und – meines Wissens nach – ist die Kriminalitätsrate niedrig.

Claire erzählt mir, dass die Kriminalitätsrate im gesamten Stadtgebiet von Albuquerque (im Kontrast zu ihrem Stadtteil, von dem ich gelernt habe, dass es da nicht so rosig aussieht) gar nicht so hoch ist. Na ja, es gibt ja auch noch Städte wie Detroit, die noch härter sind als Albuquerque. Auf jeden Fall wirken im Gegensatz zu beiden Städten die kleineren Orte Neuenglands und des Mittleren Westens so richtig lieblich.

Es klingt wie ein abgedroschener Titel einer Doku: »Amerika, das Land der Gegensätze und Extreme«. Ich glaube, den Titel habe ich schon zu über zehn Ländern gesehen. Aber auf die USA passt er schon wirklich sehr gut.

Ich höre oft folgenden Satz in Deutschland: »Oh, Amerika finde ich gut/schlecht, weil ...« Solche Pauschalaussagen finde ich sehr schwierig, weil dieses Land von der Größe und im Facettenreichtum eigentlich einem Kontinent ähnelt. Die Regionen sind so unterschiedlich wie die Klimazonen. Genauso unterscheiden sich die Mentalitäten. Ein New Yorker und ein Hawaiianer könnten wohl nicht unterschiedlicher sein. So geht es auch bei Ernährung, Umweltschutz, Ideologien etc. Es gibt einfach nicht den dicken Ami, alle meine Freunde in Colorado sind zum Beispiel schlanker als ich. Es zieht sich einfach durch alle Themenbereiche. Eine Pauschalantwort auf dieses Land ist unmöglich, was die Sicht über den Atlantik oftmals erschwert.

Video-Tagebuch zur Challenge
http://my-challenge-coach.de/blog/3729

TAG 32 – STAAT 44
ARIZONA, GRAND CANYON NATIONAL PARK
17.000 KILOMETER

DER MEGA-RUN

Es ist eine endlose Siebenstundenfahrt zum Grand Canyon, aber durch spektakuläre Landschaften geprägt. Ich komme gegen 15 Uhr am Canyonrand an und erlebe einen der wohl eindrucksvollsten Anblicke, die man auf der Erde haben kann. Der Grand Canyon gehört zu den großen Naturwundern der Erde und ist 450 Kilometer lang, bis zu 30 Kilometer breit und bis zu 1.800 Meter tief.

CHALLENGE #44

Sprinte in maximal einer Stunde bis zum Grund des Canyon!

Hallo? Alles noch okay hier? In einer Stunde bei 35 Grad 1.800 Höhenmeter tief in den Canyon zu rennen gleicht wohl der größten Kamikazeaktion dieser Reise. Eine gemütliche Wanderung durch den Canyon würde nach all den Strapazen der Reise guttun, aber den kleinen Wanderweg, der sich im

Zickzack die steilen Canyonwände hinunterschlängelt, herunterzurasen, wird eine Mördernummer, das ist mir klar.

Anfangs sehe ich es noch locker und jogge den schmalen Pfad herunter, vorbei an vielen anderen Touristen. Als ich auf die Uhr schaue und feststelle, dass schon 15 Minuten um sind, ich aber noch keine 10 Prozent der Strecke zurückgelegt habe, lege ich einen anderen Gang ein. Mir wird klar, dass ich rennen, wenn nicht gleich rasen muss. Neben der körperlichen Herausforderung muss ich höllisch aufpassen, keine Touristen umzurennen, und ganz besonders die nicht gesicherten Steilhänge am Pfad im Auge behalten. Oftmals geht es 500 Meter steil in die Tiefe.

Ich renne nun im Höchsttempo immer tiefer in den Canyon, bin zutiefst durchgeschwitzt, als mich plötzlich ein Typ und ein Mädel sprintend überholen. Sie sind unglaublich trainiert und bald schon 30 Meter vor mir. Ich höre beim Vorbeilaufen, wie der Typ mir etwas zuruft:

»Das amerikanische Militär ist nicht zu stoppen!«

Klar, die Militärs in den Staaten sind wirklich immer sehr gut trainiert. Ich bin mal auf Hawaii mit Soldaten gejoggt. Es war eine der großen Peinlichkeiten meines Lebens. Aber heute könnte eigentlich die Revanche für die Militärschmach von Hawaii sein, denke ich mir und ziehe das Tempo weiter an. Es ist riskant, noch schneller den schmalen Pfad hinunterzurasen. Einzelne Wanderer fühlen sich durch sprintende Typen wie mich belästigt, da Staub aufgewirbelt wird und alles zu einem Sicherheitsrisiko führen kann. Aber der Ehrgeiz, es dem amerikanischen Militär zu zeigen, ist größer. NATO hin oder her, das Partnerbündnis spielt an dieser Stelle keine Rolle mehr. Schließlich bin ich letztes Jahr zwei Marathons gelaufen und in guter Form durch viele Höhenläufe in Colorado auf über 3.000 Metern.

So ziehe ich tatsächlich an den beiden vorbei. Ich setze das Überholmanöver direkt hinter einer Kurve an, sodass sie von mir regelrecht überrascht werden, wie vom Leopard 2.

»Hey, Alter, die Deutschen sind zwar fast entmilitarisiert, aber dafür leicht wie eine Feder!«, rufe ich im Vorbeisprinten und höre, wie beide hinter mir laut loslachen.

Wenn es um Herausforderungen, Wettkämpfe und Challenges geht, ist fast jeder Ami dabei. Und wie in Albuquerque erwähnt sieht man jeden Wettkampf positiv und mit Fairness und Sportsgeist. So merke ich, dass mir beide an den Fersen kleben. Das amerikanische Militär lässt sich bestimmt nicht von einem deutschen Großmaul bei einem Heimspiel im Naturheiligtum des Grand Canyons besiegen. Und dann rasen plötzlich zwei regelrechte Maschinen an mir vorbei. Ich frage mich, wie man auf diesem schmalen Wanderweg so heftig sprinten kann, ohne vom Sicherheitsrisiko zurückgehalten zu werden. Ich sehe nur noch eine Staubwolke. Als diese verzieht, sind beide weg. Sie müssen so lange durchgesprintet sein, dass sie weit vorne oder sogar schon unten im Canyon sind.

Ich bin mittlerweile pitschnass geschwitzt, meine Kehle tut weh und ich spüre erste leichte Schwindelattacken durch die Hitze und Anstrengung. »Vorsicht, es geht so steil da runter«, sagt mir immer wieder eine Stimme im Kopf. Ich schaue auf die Uhr: noch zehn Minuten, aber bestimmt noch ein Drittel des Weges bis zum Plateau, das zwar nicht ganz unten im Canyon ist, aber bestimmt in 1.500 Meter Tiefe liegt.

Die letzten zehn Minuten werden immer unangenehmer, wie die letzten 200 Meter in einem 1.000-Meter-Lauf. Man versucht nur noch durchzuhalten, man hat zu wenig Sauerstoff, zählt die endlosen Sekunden runter und verkrampft das Gesicht bis zur Unkenntlichkeit. Dann höre ich das Piepen meiner Uhr. 60 Minuten sind rum, ich bremse ab und lasse mich auf einen Felsen fallen. Totale Zerstörung! Das waren die krassesten 60 Minuten dieser Reise, definitiv. Mein Herz pumpt wie verrückt, diese Anstrengung in der Hitze nach sieben Stunden Fahrt war der totale Wahnsinn.

Nachdem ich mich etwas beruhigt und mir mein letztes Wasser gierig in den Mund geschüttet habe, versuche ich die Lage einzuschätzen. Wo bin ich?

Über mir ragt der Canyon mit seinen Steilwänden, unter mir sind es bestimmt noch 250 Höhenmeter bis zum Plateau. Ich schätze, ich habe knapp 1.300 Höhenmeter in 60 Minuten geschafft. Das war sehr viel, aber leider ist die Challenge verloren.

Es dauert etwas, bis ich mich von diesem Wahnsinn erholt habe und den Aufstieg beginnen kann. Beim Blick hoch zum Canyonrand, der so weit weg ist, dass ich ihn gar nicht sehen kann, wird mir klar, dass das Schlimmste erst noch kommt. 1.300 Höhenmeter werden nach dem Sprint und sieben Stunden Fahrt ein einziger Kampf. Es werden vier Stunden voller mieser Laune.

Als ich es fast nach oben geschafft habe, hechele ich wie ein Hund und habe unglaublichen Durst. Da nehmen sich Marie und Katy meiner an. Sie sind Ende 20, kommen aus New York und waren ebenfalls unten im Grand Canyon. Im Vergleich zu mir sehen sie aber noch viel frischer und munterer aus. Beide sind sehr interessiert an meiner Reise-Challenge und kriegen kaum genug. Typisch amerikanisch positiv und euphorisch schmeißen mir beide immer mehr Superlative entgegen.

»Wirklich, 50 Tage, 50 Staaten? So genial.«

»Du bist da runtergesprintet? Du bist der Beste.«

»Was, schlafen im Van? Du bist so unglaublich cool!«

Das geht so weiter, bis ich erwähne, dass meine Reise-Challenge, mein Versuch, die amerikanische Gesellschaft zu verstehen, immer auch politisch ist. Hillary treffen, Leute im Trailerpark nach Trump befragen und so weiter. Da wird es plötzlich richtig still bei beiden, keine Euphorie mehr, sondern verhaltenes Schweigen. Sie ziehen das Tempo an und lassen mich auf dem letzten Stück wieder allein.

Was habe ich falsch gemacht? Zuerst kann ich mir es nicht erklären, bis mir die vielen Kommentare von der Reise einfallen. Immer wieder fiel die Aussage: »I stay out of politics, thanks.« Im Vergleich zu Europa vermeidet man in den USA politische Themen in der privaten Diskussion oftmals. Hitzige Debatten am Esstisch mit Opi werden diskret weggelächelt und umgangen. So auch mit meiner USA-Challenge. Politisch klingt für Marie und Katy nach viel zu viel Reibungspotenzial, da schreckt man eher zurück. Ich merke das auch mit meinen Freunden. Deutsche Freunde von mir fangen gerne Debatten an, über die Regierung, die AfD, Flüchtlinge und so weiter. Meine amerikanischen Freunde vermeiden das eher, zumal der gesellschaftliche Feel Good Talk ohnehin auf »Alles gut, alle happy« abzielt. Da wirkt ein Beschweren über Trump oftmals schon zu kantig.

Letztendlich schaffe ich es doch noch hoch und falle spät abends sofort müde ins Bett, um fast zehn Stunden tief und fest zu schlafen. Heute war körperlich der mit Abstand härteste Tag. Die Challenge habe ich zwar nicht geschafft, aber ich bin trotzdem sehr zufrieden damit, dass ich einfach eine tolle Leistung abgeliefert habe.

Video-Tagebuch zur Challenge
http://my-challenge-coach.de/blog/3731

TAG 33 – STAAT 45
NEVADA, LAS VEGAS
18.000 KILOMETER

EINARMIGE BANDITEN

Nach diesem Megaschlaf fahre ich zwar mit heftigem Muskelkater in den Beinen, aber total entspannt durch das schöne Arizona nach Nevada. Die kargen, aber spektakulären Berg- und Wüstenlandschaften haben diesen einzigartigen USA-Südwestcharme. In Gedanken reiten Cowboys und Indianer an mir vorbei, was allerdings bei 120 Kilometern pro Stunde etwas albern wäre.

Mein nächstes Ziel heißt Las Vegas, die größte Stadt Nevadas, und ich bin schon ganz aufgeregt wegen der ganzen Kasinos und dem einzigartigen Flair, den diese Metropole des Glückspiels ausstrahlt.

CHALLENGE #45

Gewinne mindestens 10 US-Dollar in Las Vegas!

Ich parke den Van hinter dem Klassiker aller Spielkasinos in Las Vegas, dem Circus Circus. Es ist das alte Schlachtross der Spielbanken, 1968 erbaut mit heute 3.774 Zimmern zählt es zu den größten und preisgünstigsten Hotels der Stadt. Für mich ist es der Inbegriff der Kasinokultur.

Beim Eintreten treffe ich eine attraktive Frau, etwa 1,80 groß, praktisch nur im Bikini und mit Stöckelschuhen bekleidet. Der weiße Stoff wirkt auf ihrer dunklen Haut noch strahlender. Sie spricht mich an und flirtet gleich mit mir. Ich bin vollkommen überwältigt. Über einen Monat bin ich nun auf dieser Reise und das Thema Frauen habe ich aufgrund all der Challenges vollkommen ausgeklammert. Umso mehr überfordert mich dieses unerwartete Zusammentreffen. Ihre Art mir gegenüber ist ziemlich anzüglich. Während des Gesprächs, das ich aufgrund eines unkontrollierten Hormonausschusses nur noch in Zeitlupe wahrnehme, berührt ihr langer roter Fingernagel mein T-Shirt.

»Du und deine Challenges, wie süß ist das denn!«

Ich kenne mich in den USA recht gut aus und weiß auch, dass Nevada der einzige Staat ist, der Prostitution erlaubt. Daher gehen neben dem unkontrollierten Hormonausschuss auch alle Warnlampen an, die sagen: »Die Gute will einfach nur Geld, schau doch genau hin! Warum soll sie an der Tür zum Circus Circus auf den ollen Traveller wie verrückt abfahren? Das macht doch gar keinen Sinn. Die kann hunderte Typen am Tag abschleppen. Reiß dich zusammen, nur noch fünf Staaten!«

So plausibel diese Stimme auch klingt, es gibt eben auch noch die andere Stimme, die sagt: »Du alter Glückspilz, heute ist einfach dein Tag! Du wirst vielleicht nicht zehn Dollar erspielen, dafür aber mal ganz locker am Eingang des Kasinos die Megabraut kennenlernen, die dich auf Anhieb will. Deine Extremreise durch Amerika macht dich halt sexy, das ist neu für sie, anders als die ganzen Geldschleimer hier.«

Ich weiß, dass es albern ist, aber ich frage nach ihrer Nummer, die ich auf einem vorgefertigten Zettel bekomme, zusammen mit ihrer E-Mail-Adresse: sexynaomi86@hotnet.com.

Auf dem Weg ins Kasino erlebe ich einen unendlichen Dschungel aus Glückspielmaschinen, den legendären einarmigen Banditen, diversen Spieltischen, Videospielen und neueren Glückspielvarianten, die ich überhaupt nicht verstehe. Deshalb hole ich mir für 10 Dollar Spielchips und gehe irgendwie immer noch wie in Zeitlupe zu einem der einarmigen Banditen. Ob sie mich vielleicht doch einfach nur toll fand?

Ich versuche mich zu konzentrieren, setze mich vor eine Glücksspielmaschine und merke, dass die einarmigen Banditen zwar noch diesen berüchtigten Hebel haben, weshalb man sie eben so nennt, aber dieser Hebel scheint nur noch fürs Image da zu sein: Er ist unbewegbar. Man stoppt die drei herunterrauschenden Rädchen mit den verschiedenen Bildchen ganz simpel durch einen Knopf. Schafft man es, dass drei gleiche Bildchen waagerecht auf der Mitteleiste zu sehen sind, gewinnt man.

Ich frage meine Nachbarin, die gerade mit Kippe im Mund immer wieder heftig auf ihren Stoppknopf drückt.

»Also, ich muss nur den Knopf drücken und kann nichts weiter beeinflussen?«

»Jaja, mach«, antwortet sie, ohne den Blick von ihrem Spielgerät zu lösen, »mehr als Knopf gibt es nicht.« Gereizt schnipst sie die Asche ihrer Zigarette auf den Teppichboden.

Ich drücke mehrmals auf meinen Knopf und habe kein Glück. In Gedanken sehe ich anstelle der albernen Erdbeeren, Kuchenstückbildchen oder Grinsegesichter immer wieder weiße Bikinis als Motive. Und dann bleiben plötzlich drei weiße Bikinis nebeneinander stehen. Ich blinzele und glaube natürlich, ich halluziniere, aber als ich die Augen öffne, haben sich die Bikinis in Tortenstücke verwandelt. Bingo! Es klingelt laut aus meinem Automaten. Ein Blitzlichtgewitter entsteht, Glocken läuten und ich höre, wie jede Menge Spielchips aus dem

Automaten sprudeln. Die ältere Dame neben mir widmet mir zum ersten Mal einen Blick.

»Wow, du Glückspilz! Du hast 7,50 Dollar gewonnen.«

Der höhnische Kommentar macht mir gar nichts, so einen Erfolg habe ich nun wirklich nicht erwartet! Ich spiele noch etwas weiter, verliere etwas und gewinne noch mal ein kleines bisschen, sodass ich mich mit 7,50 Dollar Gewinn zufriedengebe. Ich weiß, dass alles andere zum Totalverlust führen wird. Also, Challenge zu 75 Prozent bestanden, und wenn ich jetzt noch ein Date mit sexynaomi86@hotnet.com hinbekomme, würde ich die Glücksspiel-Challenge sogar mit mehr als gewonnen bewerten.

Ich rufe sie auf ihrer Nummer an und wir quatschen ein bisschen.

»Die weißen High Heels haben so gut zu dem kleinen weißen Bikini gepasst«, sage ich. »Ach, übrigens ich muss heute noch weiterfahren, Richtung Kalifornien. Soll ich nicht mal für ein Hallo vorbeikommen? Ich bringe auch was zu trinken mit.«

Es ist kurz Stille am Telefon. Dann sagt sie ganz gefasst:

»Super, kriegen wir denn beide das, was wir wollen?«

Jetzt kann ich mich nicht mehr selbst betrügen, natürlich arbeitet sie als Escortdame. Ich wünsche ihr einen schönen Tag und belasse es dabei. Wie blind und naiv können Männer immer wieder sein, wenn die Hormone durchdrehen?

Während der Weiterfahrt durch das Death Valley muss ich laut über mich selbst lachen. Ich stehe im heißesten und trockensten Tal der Welt, ungefähr 42 Grad, der Horizont ist durch die Hitze flackernd verschwommen. Das hier ist so unerotisch wie wohl kaum ein anderer Ort, weit und breit keine Frau, kein gar nichts, außer ab und zu mal ein Salamander, der von Stein zu Stein springt. Und ich hatte mich schon ernsthaft in einem erotischen Abenteuer gesehen. Wiggy, Wiggy, du alter Scherzkeks.

So fahre ich am Spätnachmittag durch die unwirklichen Landschaften des Death Valleys und bin froh, nach einem zweistündigen Aufstieg zu einem Gebirge endlich das Tal hinter mir zu lassen. Der Van hat es kaum den steilen Bergkamm hoch geschafft. Am Wegesrand standen bei der Auffahrt sogar Warnschilder: »Bitte Klimaanlage ausschalten, damit der Motor nicht überhitzt!«

Als ich oben bin, erkenne ich, dass das Death Valley wohl aus zwei Tälern besteht und ich nun den gleichen Spaß noch einmal durchmachen muss. Zuerst tief in das Wüstental mit unglaublicher Hitze hineinfahren, um dann wieder ein mörderisches Gebirge im Schritttempo hochzukriechen, bis man nach weiteren zwei Stunden endlich die Death Valleys hinter sich gelassen hat.

Unter deutschen Touristen ist das Death Valley äußerst populär, weil wir natürlich solche extremen Landschaften und Klimazonen nicht kennen. Ich habe auch viele Fotos von Sanddünen und kargen Wüstenbergen gemacht, aber angesichts der Nicht-Erfahrung mit sexynaomi86@hotnet.com kann ich mich an der Natur nicht ganz so euphorisch erfreuen.

Video-Tagebuch zur Challenge
http://my-challenge-coach.de/blog/3733

TAG 34 – STAAT 46
KALIFORNIEN, YOSEMITE NATIONAL PARK
18.500 KILOMETER

DIE SUPERRIESEN!

Einer kleiner Teil des Death Valleys liegt in Kalifornien. Und so verlasse ich das Tal des Todes und bin in dem Staat, der so viele Träume bei Menschen ausgelöst hat. Im 19. Jahrhundert der Goldrausch, im 20. Jahrhundert Hollywood und im 21. Jahrhundert zweifelsohne das Silicon Valley mit wohl weltverändernden Entwicklungen. Ich denke da an Google, Facebook oder Amazon, die ganze Lebens- und Konsumweisen auf den Kopf gestellt haben. Ich denke aber auch an die Startups und Unternehmer wie Elon Musk, der zuerst PayPal gegründet und somit die weltweite Finanzindustrie durchgeschüttelt hatte; dann mit Tesla zeigte, wie tolle Sportwagen durch Elektrostrom fahren, und mehr und mehr den deutschen Autobauern das Fürchten lehrt; bis hin zu seiner Firma SpaceX, das erste erfolgreiche private Weltraumunternehmen der Welt, das nun regelmäßig zur ISS fliegt und der NASA große Dienstleistungen abnimmt. So steht auch eine bemannte Marsmission in Planung. All das spielt sich in Kalifornien ab.

Ich halte nach den Death Valleys im kleinen Örtchen Bishop für die Nacht. Von Weltraumflügen ist hier im kalifornischen Hinterland noch nichts zu spüren, aber die Lebensweise ist auffällig anders als in den anderen US-Staaten. Ich spüre eine

Leichtigkeit und sogar einen gewissen Pioniergeist in den Menschen. So spreche ich morgens bei einem Kaffee in Bishop mit Leuten am Nachbartisch, die alle von Innovation, Veränderung und Risiko sprechen. Kaum woanders habe ich diese Vokabeln so oft gehört.

Mittags erreiche ich den Yosemite National Park und fahre über einen Pass durch tiefen Schnee hinein. Von nun an sind die Eindrücke atemberaubend. Felsmassive, Wälder und Seen wechseln sich mit riesigen Granitfelsen und natürlich dem weltbekannten Half Dome ab. Diese Fahrt ist unvergesslich und so schön, dass ich erst nach Stunden bemerke, dass ich mich heute noch gar nicht um meine nächste Challenge gekümmert habe.

CHALLENGE #46

Finde den ältesten Baum im Yosemite National Park!

Groß und alt sind in diesem Nationalpark viele Bäume, denn der Yosemite ist auch das Zuhause der weltbekannten Riesenmammutbäume, auch Sequoias genannt.

Mitten im Park treffe ich Steve und John an einer Tankstelle, die sich durch ihren Holzlook angenehm in die Parklandschaft einfügt. Die beiden zeigen mir die verschiedenen Regionen mit Riesenmammutbäumen im Park.

»Da unten im Mariposa Grove stehen die größten und ältesten Bäume, aber gerade ist der Bereich geschlossen.«

Enttäuscht schaue ich die beiden an.

»Ich komme nicht dahin?«

»Keine Sorge, nur knapp neben der Tankstelle fängt der Tuolumne Grove an, ähnliches Resultat, groß und alt!«

Okay, auch wenn diese Bäumchen ein paar Jährchen jünger sein sollten, werde ich dort zumindest den fast ältesten Baum des Parks finden.

Vom Parkplatz aus wandere ich ungefähr 40 Minuten durch den Wald, bis ich vor sieben der Riesenbäume stehe. Ich bin total überwältigt. Die Bäume sind so hoch, dass ich ihre Spitze nicht sehen kann.

Ich spreche ein paar Arbeiter an, die neben den Riesenbäumen gerade einen neuen Zaun bauen.

»Also, die Sequoias hier sind 80 Meter hoch und der älteste ist wohl der hier.« Der Arbeiter zeigt auf den ersten der sieben Bäume. »Ich denke, er ist so zwischen 2.500 und 3.000 Jahre alt, so genau kann ich das nicht sagen, ich war bei seiner Geburt nicht dabei.«

Ich schaue an dem Baum hoch und stelle mir vor, wie die Welt wohl bei seiner Entstehung aussah. 100 Generationen zurück heißt, dass es keine Industrialisierung gab, noch kein Mittelalter, dass noch nicht einmal das Römische Reich existiert hat. Es war die Zeit der Griechen. Aristoteles und Sokrates lehrten, als der Baum schon hier stand. Es ist eine unglaubliche Vorstellung. Wie kurz doch unser wohl recht häufig überbewertetes kleines Leben im Vergleich zu so einem alten Riesen ist!

Beeindruckt gehe ich weiter und gelange zu einem anderen Riesenmammutbaum, der schon bei seiner Entdeckung abgestorben war. Im 19. Jahrhundert wurde schließlich eine Straße durch ihn hindurch gebaut. Neben dem Baum stehen Schilder mit alten Fotos, auf denen man erste Autos sieht, die gemütlich durch diesen Baum tuckern. Ich gehe durch den Tunnel und kann es kaum glauben, dass ich im Inneren eines Baumes stehe. Wieder draußen umarme ich den Riesenbaum für ein Foto. Es sieht ziemlich witzig aus, denn meine Arme umspannen den Baum vermutlich gerade mal zu einem Zehntel. Es sieht aus, als würde ein Zwerg einen Riesen umarmen.

Abends, als ich den Park verlassen habe, checke ich meine E-Mails und traue meinen Augen nicht:

Lieber Michael Wigge,

wir vom Donald J. Trump Campaign Team freuen uns, Sie morgen Abend in Sacramento zum öffentlichen Auftritt von Donald als Medienteilnehmer begrüßen zu dürfen.

Mit freundlichen Grüßen
Hope Hicks, Pressechefin

Ich hatte die letzten Tage Hope Hicks mit meinen E-Mails unzählige Male genervt und ihr immer wieder geschrieben, dass ich nach Hillary Clinton nun bitte auch Donald Trump treffen möchte. Alle meine E-Mails wurden von Hope diskret nicht beantwortet. Daher ist die Freude nun umso größer, eine Zusatz-Challenge in Kalifornien zu machen.

Video-Tagebuch zur Challenge
http://my-challenge-coach.de/blog/3737

★
ZUSATZ-CHALLENGE

Berühre Donald J. Trump!

Mir ist bewusst, dass diese Challenge leicht in einem Desaster enden kann. Eine unerlaubte Berührung des Präsidentschaftskandidaten kann vom Secret Service leicht als Angriff missverstanden werden, und ich möchte durch eine Challenge definitiv nicht angeschossen im Krankenhaus von Sacramento aufwachen.

Also fahre ich konzentriert auf das Gelände des Flughafens von Sacramento. Hier wird Donald Trump heute vor 3.000 Leuten eine Rede halten. Beim Eintreffen am Hangar bei heißen 38 Grad sehe ich schon die lange Schlange von Trump-Anhängern, die in der Hitze offenbar schon stundenlang warten.

Mir fällt eine junge Frau auf, Anfang 20 mit Stöckelschuhen und Abendkleid, latent overdressed für diese Temperaturen.

»Warum bist du denn so aufgemotzt?«, frage ich sie.

Sie stellt sich als Claire vor und erzählt mir, dass heute ein großer Tag für sie sei. Denn sie setzt sich aktiv für lockere Schusswaffengesetze ein.

»Donald Trump ist für uns Waffenliebhaber die einzige Chance.«

Ich bin froh, dieses Gespräch lebend zu verlassen – man weiß ja nie. Dann spreche ich mit anderen Anhängern, die Trump-T-Shirts tragen, aufblasbare Trump-Flugzeuge in der Hand halten oder zusammen mit einem Countrysänger lautstark *Make America Great again* singen. Ihre Argumente sind immer wieder die mir bereits bekannten: »Er ist Geschäftsmann«, »Er hat die politische Korrektheit abgeschafft«, »Er ist ein Alphatier durch und durch«, »Raus mit den Illegalen« und so weiter.

Ich gehe mit meiner Medienakkreditierung in den Hangar. Interessanterweise werde ich ähnlich wie beim Clinton-Fundraising nicht nach Waffen untersucht. Sind Medienvertreter etwa glaubwürdiger als das normale Volk? Ich finde, es ist eine Lücke zu glauben, dass sich unter Journalisten nicht auch mal ein faules Ei verstecken könnte, das Quatsch macht.

Ich bekomme von der Pressedame einen Platz auf einem Podest zwischen CNN und Fox News zugeordnet. Zuerst fühle ich mich geehrt, zwischen den großen US-Medien von einer Kanzel herunter berichten zu dürfen, aber dann fällt mir auf, dass das Medienpodest 30 Meter von Donald Trumps Rednerpodest entfernt liegt. Von hier oben werde ich ihn wohl nie berühren! In meiner Einladungs-E-Mail stand groß und deutlich, dass Medienvertreter bloß nicht das Medienpodest verlassen und erst recht nicht in der ersten Reihe zwischen den Anhängern filmen dürfen. Das Verbot war eindeutig, aber genauso eindeutig ist meine Aufgabe, ihn zu berühren. Also bleibt mir nichts anderes übrig, als nach vorne zu gehen und etwa fünf Meter vor dem Trump-Podest in der ersten Reihe zu stehen. Genau das gehe ich an und es gelingt mir.

Der Hangar füllt sich, sodass ich auch bald schon die erste Reihe im Gedränge nicht mehr verlassen kann. Die Menschenmasse um mich herum ist in amerikanischen Farben und Stars & Stripes gekleidet. Viele Leute haben Schilder mit der Aufschrift »Make America great again« in der Hand.

Mir wird bewusst, dass ich auffalle, denn ich mache bei den Sprechchören (»Donald for President« und »USA, USA, USA«) nicht mit. Auch wenn Donald Trump selbst noch nicht eingetroffen ist, stehen die Männer von Secret Service schon bereit, und ich fühle mich definitiv beobachtet. Wie werden sie reagieren, wenn doch plötzlich jemand in der ersten Reihe filmt? Ich mache mir Sorgen, dass das schwarze Richtmikro unterhalb meiner Kamera eventuell sogar vom Secret Service fälschlicherweise als Pistole missverstanden werden könnte. Also entschließe ich, mich definitiv ohne Richtmikro zu filmen. Beim Einpacken des Mikros werde ich von hinten von einem Trump-Supporter geschubst. Ich richte mich auf und schaue ihn genervt an.

»Hey, was soll das?«

Der Typ mit dunklen Haaren, noch keine 30, erkennt meinen deutschen Akzent und fängt sofort mit einem neuen Sprechgesang an, den die Menge um mich herum aufnimmt und mitmacht.

»The German is a liberal! The German is a liberal! The German is a liberal!«

Genau das ist der Super-GAU, der nicht hätte eintreten dürfen. Ich werde als Ausländer entlarvt und somit als klarer Nicht-Wähler, Nicht-Trump-Supporter und sogar als politischer Gegner. Ich versuche, die Leute zu beruhigen, indem ich rufe: »Ich bin ein Blogger aus dem Ausland, alles easy!«

Dieses Statement beruhigt wirklich einige, nur der Typ mit den dunklen Haaren bleibt hartnäckig:

»Dann darfst du nicht hier vorne sein!«

Aber so richtig springt niemand mit auf den Zug. Ich schaue über die Absperrung zum Secret Service, der immer noch regungslos geradeaus schaut.

Wie kriege ich den Typ mit dunklen Haaren auf meine Seite, um ein größeres Unglück zu vermeiden? Ich habe eine Idee und biete ihm an, den Platz mit mir zu wechseln, sodass er in der begehrten ersten Reihe stehen kann. Er ist absolut überrascht von der netten Geste und nimmt sie dankend an. Während er sich vor mich quetscht, füge ich laut hinzu: »Er ist ein echter Trump-Supporter, der muss einfach vorne stehen!«

Die Leute um mich herum fangen an zu klatschen, dass ich

als Außenstehender den Fans den Vortritt lasse. Damit stehe ich zwar nur noch in der zweiten Reihe, habe aber die Meute vollkommen beruhigt. Plötzlich kommt die Menge ins Raunen, viele der 3.000 Leute rufen, schreien, fallen sich in die Arme. Was ist los? Kommt der Messias persönlich? Für die Trump-Anhänger scheint es so zu sein. Perfekt inszeniert fliegt Donald Trump mit seiner großen Maschine direkt vor die aufgebrachte Masse. Dazu wird gute Rockmusik eingespielt. Ich selbst werde durch diese Inszenierung beeinflusst, der einfliegende Trump, die Musik, die Stimmung: Plötzlich fühlt es sich an, als wäre ich bei etwas ganz Besonderem dabei.

Als Trump vom Flugzeug auf seine Rednerkanzel wenige Meter vor mir steigt, ist die Menge immer noch aufgebracht. Ich sehe Menschen mit Tränen in den Augen, die ihr Glück kaum fassen können.

Die einstündige Rede wirkt ziemlich zäh. Viele Phrasen, viele Versprechungen, viel Herumgetrampele darüber, was alles schlimm ist, wenig reale Pläne, wie man Dinge verändern will. Dazu natürlich wieder populistische und provozierende Ideen, wie eine Mauer an der Grenze zu Mexiko zu bauen, die von Mexikanern finanziert werden soll, Verunglimpfungen der Konkurrentin Hillary Clinton und Beschimpfungen gegen diverse Menschen in aktuellen Machtpositionen.

Nach der Rede beginnt der für mich wichtigste Teil. Donald Trump schüttelt noch ein paar Leuten die Hände. Aber genau der Bereich vor der Kanzel, wo ich stehe, ist abgesperrt. Ich drängele mich mit einer gewaltigen Kraftanstrengung nach links, Leute schupsen mich, sind aufgebracht, denn sie wollen alle einmal nahe an ihrem Messias stehen. Als ich am Geländer in der ersten Reihe stehe, stellen sich einzelne Männer vom Secret Service zwischen mich und Trump. Sie hatten mich und meinen ausgestreckten Arm schon lange beobachtet und wohl auch mein albernes Gerufe (»Donald, Donald, ich will dich berühren!«) gehört. Die Männer mit dunklen Sonnenbrillen machen mir durch ihre Körpersprache unmissverständlich deutlich, dass ich mich keinen Schritt näher an Donald Trump wagen soll. Sie stehen direkt vor mir, wortlos, die Sonnenbrillen schweigend auf mich gerichtet.

Ich stelle mein Gejaule ein und ziehe mich in die Menge zurück. Der Ergebnis der Challenge: drei Meter Distanz zu Donald Trump, keine Berührung, dafür aber viele heiße Körperkontakte mit seinen Unterstützern.

Video-Tagebuch zur Challenge
http://my-challenge-coach.de/blog/3739

TAG 36 – STAAT 47
OREGON, BORING
19.350 KILOMETER

PARTYTIME!

Ich fahre abends noch weiter Richtung Norden, um eine 1.000 Kilometer lange Strecke an der Westküste hoch irgendwie zu bewältigen. Die Fahrt durch Nordkalifornien und Oregon ist eine meiner letzten großen und schmerzhaften Herausforderungen vor dem Ziel. »Durchhalten, durchhalten, Langeweile ausblenden, bald hast du es geschafft«, sage ich mir immer wieder vor. Nur das Ziel im Auge ermöglicht es mir, weiterhin diese Mörderfahrten durchzuziehen. Ich möchte einfach nur noch das Ende der Reise erreichen und mich endlich ausruhen.

Plötzlich höre ich auf dem Highway hinter mir die Polizeisirene. Ich fahre rechts ran und frage mich, ob ich wieder ein Stoppschild überfahren habe, wie in Iowa. Das wäre mitten auf der Autobahn allerdings recht verwunderlich. Der Polizist leuchtet mit seiner Superpowertaschenlampe in meinen Wagen, blendet mich vollkommen. Hinter mir steht der Polizeiwagen mit zusätzlichen Dachscheinwerfern, die ebenfalls meinen Van in ein hell erleuchtetes Diskospektakel verwandeln.

Der Cop wechselt mit mir nicht viele Worte.

»Führerschein her!« Da ist sie wieder, die unheimliche Übermacht der amerikanischen Polizei.

Der Polizist geht zurück in seinen Polizeiwagen hinter mir, der durch die vielen Scheinwerfer eher einem Ufo gleicht. Ob Donald Trump wohl was damit zu tun hat? Ich stelle mir vor, dass ich angeklagt werde wegen unerlaubtem Berührversuch eines Fast-Staatsmanns. Man weiß ja nie, welche Gesetze es so alles in Amerika gibt, wenn man noch nicht einmal Melonen in öffentlichen Parks in Indiana essen darf.

Der Polizist kommt zurück an mein Fenster, hält mir natürlich wieder die Superpowertaschenlampe ins Gesicht.

»Sag mal, standest du 1997 schon mal in Santa Barbara wegen Umweltverschmutzung vor Gericht?«

Ich bin total erschrocken, dass mein kleiner Austritt in die Büsche noch bis heute in Kalifornien gespeichert ist.

»Ja, war 'ne blöde Sache damals, sorry!«, antworte ich halblaut.

Der Polizist erklärt mir, dass ich mit Standlicht gefahren bin. Ich entschuldige mich sofort und stelle das Fahrtlicht an.

»Ist meine erste Nachtfahrt mit diesem Van, wirklich, sorry, SIR!«

Und die Einsicht verbunden mit dem richtigen Ton stellt sich als Erfolg heraus. Er lässt mich ohne weitere Strafe weiterfahren.

CHALLENGE #48

Mach 'ne Party in Boring!

Ich komme am nächsten Nachmittag unglaublich erschöpft im kleinen Städtchen Boring südöstlich der Landeshauptstadt

Portland an. Mir tut nach zehn Stunden Fahrt, die auf eine sehr kurze Nacht gefolgt war, der ganze Körper weh. Hals, Nacken, Rücken, Beine, Kopf, Gehirn, alles wirkt matschig.

Wie soll ich in diesem Zustand nun eine Party in einem kleinen Dort feiern, dass sich ganz selbstbewusst »Langweilig« nennt?

Der Ort besteht aus ein paar Häusern, einem Getränkemarkt und einem riesigen und dazu leeren Parkplatz. Diese Ödnis hält nicht gerade Grundlagen für eine große Feier parat. Also gehe ich in den Getränkemarkt, hole erschöpft eine Flasche Sekt und bekomme im Nachbarladen sogar noch eine Tröte, Konfetti und Girlanden. Die Verkäuferin schaut mich beim Einkauf der Partyutensilien kritisch an. Sie merkt wohl, dass mein Gesichtsausdruck vollkommen abgekämpft ist und wohl nicht unbedingt nach Party aussieht.

Ich quäle mich durch die Challenge, schüttele am Van die Flasche Sekt, aber trotzdem fließt beim Öffnen der Sekt eher langsam und traurig heraus. Ich lasse ihn solange fließen, bis sich auf dem Schotterparkplatz eine Matschpfütze bildet. Die Partytröten klingen beim Hineinpusten auch nicht besonders euphorisch und die Girlanden hängen mir irgendwie fehl am Platz über die Schultern.

»Party in Boring, yeaah!«, sage ich noch über den Parkplatz ins Leere. Es hört niemand, und das ist wohl auch besser so.

Ich steige in den Van, um die letzten Stunden des Tages nach Seattle zu fahren. Ich muss es heute noch schaffen. Morgen um 7 Uhr geht von dort aus schon mein Flieger Richtung Alaska.

Nach meiner Boring-Erfahrung könnte man annehmen, dass Oregon irgendein verlassener Staat an der Westküste ist, aber weit gefehlt. Die Hauptstadt Portland zählt zu den hipsten Orten der USA mit intensiver Musik- und Kulturszene. Die TV-Serie *Portlandia* reflektiert ironisch die Hipster der

Stadt mit ihren Eigenheiten. Viele Leute bezeichnen Portland auch als ein kleineres Berlin in den USA. Darüber hinaus hat der Bundesstaat durch das feuchte Pazifikklima eine unglaubliche Natur zu bieten. Viele Amerikaner kommen im Winter hierher zum Skifahren an den Hängen der Vulkane. Also, Oregon, du bist nicht so *boring* wie ich tue!

Video-Tagebuch zur Challenge
http://my-challenge-coach.de/blog/3741

TAG 36 – STAAT 48
WASHINGTON, SEATTLE
19.500 KILOMETER

DER REGENMACHER

Ich halte kurz vor Seattle im Bundesstaat Washington an einer Waldlichtung an. Die Natur hier ist sehr intensiv: Bäume, Büsche, Farne, alles wächst überdimensional groß, da ich mich hier in einer der regenreichsten Regionen Amerikas befinde.

CHALLENGE #49

Warte auf Regen im Bundesstaat Washington!

Eigentlich regnet es im Nordwesten der USA so gut wie immer. Westlich von Seattle gibt es sogar den einzigen Festlandregenwald der USA. Aber heute Abend scheint die Sonne, kein Wölkchen am Himmel, rein gar kein Anzeichen von Regen.

Ich sitze erschöpft auf dem Treppchen vor der Fahrertür meines Vans. Wahrscheinlich ist das einer der drei Sonnentage im Jahr in dieser Region, denke ich mir und warte erst mal ab. Aber das hilft nichts, hier wird es heute bestimmt nicht mehr regnen.

Ich denke lange nach, wie ich diese Challenge gewinnen kann oder zumindest einen sympathischen Teilerfolg erzielen kann, aber das Wetter kann ich nicht beeinflussen, und morgen früh um 7 Uhr geht mein Flieger. Mir gehen hier die Optionen aus, und durch die totale Übermüdung ist mir diese komische Regen-Challenge auch total egal. Ich will einfach nur noch schlafen, sodass ich in der Früh nicht meinen Flieger nach Alaska verpasse.

Video-Tagebuch zur Challenge
http://my-challenge-coach.de/blog/3743

TAG 37 – STAAT 49
ALASKA, JUNEAU

WASSER IM ÜBERFLUSS

Ich wache frühmorgens im Van kurz vor Seattle auf – unter noch immer sternenklarem Himmel.

»Lass mich bloß in Ruhe mit diesem blöden Regenthema«, murmele ich und stehe auf, glücklich, durch den Schlaf die starke Überanstrengung etwas reduziert zu haben.

Auf dem Tacho zum Flughafen sehe ich, dass mein Meilenstand nun über 13.000 anzeigt, also fast 20.000 Kilometer. Was war das für ein krasser Ritt, unglaublich, denke ich beim Einchecken am Tacoma International Airport.

Zweieinhalb Stunden später steige ich in Alaskas Hauptstadt Juneau aus dem Flieger. Es regnet in Strömen und es wirkt auch nicht so, als würde es innerhalb meiner 24 Stunden in Alaska aufhören.

Ich hatte mir Alaska im Vorfeld sehr sonnig vorgestellt. Keine Ahnung, warum. Vielleicht, weil ich es nur aus Urlaubsprospekten kannte. Nebel und Alaska hatte ich bislang nicht in Verbindung gebracht. Aber die tiefhängenden Wolken wechseln sich mit dem Regen und Nebel über den Bergen ab. Eigentlich scheint Alaska mehr ein Washington zu sein, und ein Washington mit seinem Sonnenwetter ein Alaska. Bin ich nach den 49 Staaten vielleicht total durcheinander und kann die Staaten nicht mehr auseinanderhalten?

Ich überlege mir, ob das nun irgendwie zur Regen-Challenge in Washinton zählt. Klar, ich bin in einem anderen Staat, aber so viel Regen auf einmal könnte mir doch zumindest einen Trostpunkt für meine Regen-Challenge geben. Also lasse ich mich am Flughafen so richtig nass regnen. Die auf mich wartenden Taxifahrer schauen mich verwirrt an. Was macht der da? Will man so einen nassen Fahrgast überhaupt noch haben?

Einer der Fahrer nimmt mich dann aber trotzdem mit, und auf dem Weg in die Stadt erklärt er mir, dass der Highway, auf dem wir fahren, der teuerste der USA ist.

»Alaska halt, hier ist alles umständlicher, wegen der Wildnis«, sagt er. Ich bin also doch in Alaska und lasse mich entspannt in den Rücksitz fallen.

Ich übernachte in einem kleinen Hotel in diesem ebenfalls kleinen Städtchen, das von der Kreuzfahrtschiffindustrie lebt. Riesige Cruiseliner parken direkt vor den wenigen Häusern an der Küste und überragen diese oftmals in der Höhe um das Doppelte. Der Anblick ist ungewöhnlich, als ich im strömenden Regen im Zentrum stehe. Wo ist denn eigentlich das ganze Eis? Sollte es nicht eigentlich eher schneien als regnen? Schließlich befinde ich mich im nördlichsten Staat der USA und quasi schon fast in der Arktis.

Die Dame an der Rezeption erklärt mit, dass ich ein Stückchen fahren muss, um Eis zu sehen, und zwar zum Mendenhall-Gletscher. Er zählt mit einer Höhe von 67 Metern und einer Breite von 2,4 Kilometern zu den Minigletschern Alaskas. Für mich ist das definitiv groß und imposant genug, aber auch ein bisschen traurig, denn er ist aufgrund des Klimawandels schon um 800 Meter geschrumpft.

CHALLENGE #50

Teste, ob deine Zunge nach einer Minute am Gletscher kleben bleibt!

Ich nehme einen Bus zum Mendenhall-Gletscher und wandere entlang des Gletschersees direkt auf ihn zu. Auf dem Weg stelle ich mir zwei Fragen: Wann hört endlich dieser Regen auf? Und: Könnte es gefährlich sein, wenn ich meine Zunge eine Minute an den Gletscher halte und sie vielleicht kleben bleibt?

Zur ersten Frage bekomme ich erst mal keine Antwort, zur zweiten aber schon, denn ich erreiche einen Wasserfall, der auch das Ende des Wanderweges markiert. Es geht nicht weiter. Ich bin gute 1.000 Meter vom Gletscher entfernt und Wanderer erzählen mir, dass ich auch nicht näher an ihn herankommen werde. Den Gletscher mit der Zunge berühren: praktisch unmöglich.

Ich bin genervt, schließlich sehne ich mich bei aller Schönheit der Natur einfach nur noch nach dem Ende und kann es mir nach der verkorksten Regen-Challenge nicht erlauben, diese auch noch fallen zu lassen. Also schlendere ich am Gletschersee auf und ab und sehe, dass sich einzelne Eisberge vom Gletscher gelöst haben und auf dem See herumtreiben. Einige der Eisbrocken wiederum haben sich von den Eisbergen gelöst und treiben Richtung Land. Zwei Meter vom Ufer entfernt sehe ich einen handlichen Eisbrocken, den ich mir mit einem Stock an Land ziehen kann. Das ist ein Stück vom Gletscher! Also, nehme ich den Brocken und halte eine Minute lang meine Zunge daran.

Schon nach 30 Sekunden fängt es an, wehzutun. Die Kälte des Eises zieht in die Zunge und schmerzt. Was wird nun passieren? Kann ich die Zunge nach der Minute lösen oder muss ich warten, bis das Eis in meiner Hand aufgetaut ist?

Ganz einfache Antwort: nichts bleibt auch nur irgendwie kleben. Die Eis-an-Zunge-Klebe-Story scheint wohl mehr ein Mythos zu sein. Wahrscheinlich klebt die Zunge an gefrorenem Metall fest, deshalb sollte man wohl nie im Winter Straßenlaternen ablecken, aber Eis ist risikofrei, solange die Luft nicht gefriert. Meine Zunge tut zwar weh, aber lässt sich lösen.

Vollkommen durchnässt falle ich schon abends um sieben in den Schlaf und sitze am nächsten Morgen im Flieger nach Anchorage. Dort steige ich nachmittags um und fliege direkt vom hohen Norden in die Tropen nach Hawaii. Die langen Flüge empfinde ich als eine Wohltat und nutze sie komplett zum Schlafen, obwohl ich normalerweise in Fliegern kaum schlafen kann.

Video-Tagebuch zur Challenge
http://my-challenge-coach.de/blog/3745

TAG 38, STAAT 50
HAWAII, HONOLULU

DAS GROSSE FINALE

Ich komme abends in Honolulu an, nachdem ich heute 6.000 Kilometer geflogen bin. Es wirkt auf mich unreal, sogar fast fiktional, den Flughafen in Honolulu zwischen Palmen und Hawaiihemden zu verlassen. Ich sehe junge Hawaiianerinnen, die für Touristen Aloha-Blumenkränze verteilen. War ich nicht eben noch irgendwo am Polarkreis? Ich komme bei diesem Tempo selbst nicht mehr mit. Eben Polarkreis, vor drei Tagen Donald Trump in Kalifornien, und selbst die Grand-Canyon-Challenge ist noch keine Woche her. Die ganzen 38 Tage der Reise wirken auf mich wie mindestens drei Monate. Die lebensverlängernden Maßnahmen durch das hohe Tempo haben wirklich mehr als gewirkt, denke ich schmunzelnd.

Ich mache nachts Couchsurfing bei Anne. Sie wohnt in einem kleinen Apartment, das zu einer Kirche in Honolulu gehört. Dadurch, dass sie für die Kirche als Hausmeisterin arbeitet, bekommt sie die Wohnung umsonst.

»Auf Hawaii kostet eine kleine Wohnung locker 2.000 US-Dollar und mehr, da ist das ein super Deal«, sagt sie.

Abends gehen wir essen. Anne erzählt mir, dass sie Ende 40 ist und zwei erwachsene Söhne hat – 20 und 28 Jahre alt.

»Der jüngere war Juniorenweltmeister im Kickboxen, da ist alles super gelaufen«, berichtet sie, und auch, dass es bei ihrem älteren Sohn leider problematisch geworden ist.

»Er war halt schon immer ein Großmaul, trinkt gerne ein paar Bier zu viel. Aber so weit lief es auch okay, bis er mit 24 vom Türsteher einer Disko in einer Handgreiflichkeit zu lange gewürgt wurde und nicht mehr genug Sauerstoff ins Gehirn kam. Danach war er nicht mehr der Gleiche. Er fing nach der Genesung an, Drogen zu nehmen und kleine Straftaten zu begehen.«

Im Verlauf meiner Reise habe ich erfahren, dass in Amerika zwei Millionen Menschen im Knast sitzen und der Weg dahin gar nicht kompliziert ist. Schon kleinere Straftaten können dazu führen, dass man für Jahre weggesperrt wird. So ist es auch Jillian ergangen, dem Sohn von Anne. In Deutschland wäre so ein Fall mit Geldstrafen davongekommen und er wäre zur psychischen Behandlung in eine Klinik oder in ein Heim gekommen.

»Auf Hawaii gibt es für seine Problematik nur 38 Behandlungsplätze, die gefördert sind. Da hat er keine Chance.«

Das Gesundheitssystem ist ein schwieriges Thema in den Staaten, trotz ObamaCare. Letztendlich muss man sich privat versichern, und das wird so richtig teuer. Aber warum?

Durch das Risiko, dass Ärzte Klagen in Millionenhöhe erhalten können, rankt sich um das Krankensystem ein Versicherungssystem mit immensen Kosten. Dadurch sind Krankenkosten oftmals um das Vielfache höher als in Deutschland. Ein Freund von mir musste auf einer USA-Reise eine Nacht wegen einer Panikattacke ins Krankenhaus, konnte aber sofort wieder gehen. Die Rechnung an seine deutsche Versicherung: 10.000 US-Dollar. Wahrscheinlich spielt in diese Summe aber auch der aggressive Kapitalismus hinein, wo Geldmachen ganz großgeschrieben wird. Warum nicht mal bei dem Besucher aus Deutschland einen dreisten Preis versuchen?

Selbst wenn man sich in den USA krankenversichert, für oftmals 500–1.000 US-Dollar im Monat, je nach Alter und

Krankengeschichte, ist man noch lange nicht komplett abgesichert. Ich habe mir mal amerikanische Versicherungspolicen angeschaut. Oftmals werden Spezialärzte nicht oder nur teilweise gezahlt und bei größeren OPs muss der Kranke einen beachtlichen Prozentsatz selbst zahlen.

Wenn ein Krankensystem komplett privatisiert ist, sinkt leider auch die Moral. Ich habe es selbst mal in Denver erlebt. Für 149 Dollar habe ich einen Bluttest gemacht, um Blutzucker, Cholesterin etc. zu checken. Der Arztpraxis ging es aber nicht um die 149 Dollar, sondern darum, mich in eine 4.000 Dollar teure Therapie zu quatschen, obwohl meine Werte recht gut waren. Ein Arzt monologisierte 30 Minuten auf mich ein, wie ein schlechter Autoverkäufer, der kurz vor der Pleite steht. Er setzte sogar Manipulationstaktiken ein, indem er rhetorische Fragen stellte, die mich in meinem Ernährungsverhalten schuldig fühlen lassen sollten. Ich hatte mich gefühlt wie in die Mangel genommen.

Anne erzählt mir, dass ihr Sohn keine Chance auf eine günstige oder kostenlose Betreuung hat, obwohl er sie dringend braucht.

»Das Paradies hier in Hawaii ist so lange gut, wie du Geld und Gesundheit hast«, sagt sie und fügt hinzu, dass sie gerne wieder auf das amerikanische Festland ziehen würde. Hawaii ist nach 25 Jahren einfach durch, zu teuer, und sie braucht die Weiten des Festlandes. Aber es geht nicht. Durch die Vorbestrafung darf ihr Sohn den Bundesstaat Hawaii nicht mehr verlassen, und durch das privatisierte Krankensystem muss sie sich um ihn kümmern. Sackgasse Hawaii.

CHALLENGE #51

Finde einen Toast Hawaii auf Hawaii!

Ich stehe am nächsten Morgen am weltbekannten Waikiki Beach. Palmen ranken über die feinen Sandstrände und die Wellen brechen undramatisch an ihnen. Mir ist klar, dass es nicht einfach wird, hier einen Toast Hawaii zu finden, zumal es eine rein deutsche Kreation ist.

Nach den ersten verzweifelten Umfragen am Strand und ewigem Schulterklopfen brauche ich nicht mehr darauf zu hoffen, dass irgendjemand zufällig einen Hawaiitoast in der Tasche hat. Also, selbst ist der Mann: Ich gehe in einen der sogenannten A-B-C Markets in Strandnähe und kaufe Toastbrot, Käse, Schinken und Ananas, dazu ein kleines Fläschchen Champagner zur Feier des Tages. Am Strand belege ich den Toast mit den Zutaten und lasse dann alles in der Sonne vor sich hin brutzeln. Klar, das ist nicht wie im Ofen, aber auf der anderen Seite der Erde wird man da ja noch mal ein Auge zudrücken können.

So verspeise ich wenig später die Neukreation des Toast Hawaiis und trinke den Champagner dazu. Es ist vollbracht! Was waren das für unglaubliche 38 Tage mit 20.000 Fahrtkilometern, dann noch – nicht zu vergessen – 11.500 Flugkilometern und 50 Challenges plus einer Trump-Zusatz-Challenge! Ich bin so richtig zufrieden mit mir, das durchgezogen zu haben. Wie oft habe ich Sorgen gehabt, dass der Van oder mein Kameraequipment kaputt gehen könnten, dass ich es von der Leistungsanforderung her einfach nicht mehr schaffe. Mir gehen die Menschen und Orte der Reise durch den Kopf und das Jahr, in dem ich all das erlebt habe, das Jahr, in dem Hillary gegen Trump antritt und die ganze Welt gebannt in meine USA schaut, weil hier so wichtige Wahlen stattfinden. Wenn man in Europa ist, könnte man meinen, die USA bestehen im Moment überhaupt nur aus Wahlen. Dabei gibt es hier so viel mehr: Das liebliche Neuengland mit den weißen Holzhäusern, genauso wie das verarmte Detroit mit den verlassenen Häusern und das Partyvolk in New Orleans.

Ich denke an die deutschen Wurzeln Amerikas mit den Amish People in Pennsylvania, einer Fast-Tofubratwurst in Wisconsin und dem deutschen Ort Wausau; die Nationalparks mit Bisons, Bären und 3.000 Jahre alten Riesenbäumen. Und natürlich die beiden Hauptfiguren im dramatischen Präsidentschaftswahlkampf: Hillary Clinton, die mir in Chicago fast zugezwinkert hat, und Donald Trump, der wohl immer noch auf eine Berührung von mir wartet.

Ich denke an die Bewohner von Walter Whites Haus in Albuquerque, die die TV-Serie wohl auf Ewigkeiten verfluchen werden, an meine Freunde in Denver, die Essen schaufelnd neben mir saßen, als ich nur Wasser trinken durfte. Ich erinnere mich aber auch an Sonnenuntergänge in Florida und am Devils Tower in Wyoming, Dauerregen in Kansas und Alaska, Schnee in den Nationalparks und den Sandsturm in North Dakota. Was für ein Trip!

Video-Tagebuch zur Challenge
http://my-challenge-coach.de/blog/3747

NACHWORT

Ich habe in den USA eine einzigartige Kultur kennengelernt, die zusammengewürfelt ist aus unzähligen Kulturen, die die Menschen aus ihren ehemaligen Heimatländern mitgebracht haben. Amerikas Kultur ist eine, die sich als Immigrantenkultur versteht und Ausländer wie mich aufnimmt, ohne jemals Ablehnung zu signalisieren. Das ist ein altes und großes Ideal dieser Gesellschaft. Und genau das habe ich erlebt. Ich weiß, dass ist nur die eine Seite der Medaille. Es gibt auch die andere. Trump, der gegen Latinos unterhalb der Gürtellinie vorgeht, der möchte, dass Muslime gar nicht mehr einwandern dürfen. Und ich habe auch die Menschen kennengelernt, die ihn unterstützen und seine Haltung teilen. Das sind viele. Aber egal, wo ich war, es gab immer auch die anderen, die die Ideale hochhalten. Das sind auch viele. Da wo gegen illegale Einwanderer aus Mexiko gewettert wird, gibt es auch immer die, die den Illegalen helfen, damit ihre Kinder zur Schule gehen können. Das ist der Alltag in den USA, der ist gut und macht Hoffnung.

Und auch das ist Alltag in Amerika: Ungebetene Marketinganrufe quälen dich zu Tode, grenzenlose Positivität, Höflichkeit, sinnloses Herumgequatsche für den Feel-Good-Talk. Amerika ist ein Land der unbegrenzten Möglichkeiten, sofern man genug Ausdauer und Härte besitzt – oder auch Geld. Amerika ist ein Land, wo mehr ums Überleben als in Europa gekämpft wird; ein Ort mit besten Landschaften und offensten Menschen, aber auch mit unschönen sozialen Gegensätzen; ein

Land der totalen Selbstverantwortung, aber gleichzeitig auch der Dankbarkeit und natürlich der totalen Verrücktheit.

Wenn ich zurück auf meine Reise mit dem Van schaue, fällt mir ganz besonders auf, dass ich nicht eine einzige Situation hatte, in der ein anderer Autofahrer gehupt, die Lichthupe ausprobiert oder wild im Auto herumgefuchtelt hat, weil ich zu schnell, zu langsam oder zu blöd gefahren bin. Amis haben beim Straßenverkehr in den meisten Regionen des Landes eine Sichtweise: *Take it easy!* Einfach super. Ebenfalls habe ich nicht einen einzigen Negativkontakt gehabt, weil ich gefilmt habe. Also gut, »nicht einen einzigen« ist auch schon wieder meine Feel-Good-Wahrnehmung; tatsächlich gab es ein paar ganz wenige, aber die zählen nicht für den Gesamteindruck.

Auf der ganzen Reise habe ich mit über 300 Leuten Kontakt gehabt, sie mit der Kamera aufgenommen und in meine Story hineingezogen, und über 270 Leute haben spontan mitgemacht, ohne Angst zu haben, misstrauisch zu sein oder Stress zu machen, weil ich Ausländer bin, weil ich anders bin. Positivität, Höflichkeit und Offenheit haben diese Reise geprägt. Und dazu ist mir noch ein wichtiger Seitenaspekt aufgefallen: Positivität heißt auch, dass Gerede über andere Menschen ein absolutes Tabu ist. Wer kennt es nicht, hinter dem Rücken mal Luft abzulassen: »Der ist doch echt komisch geworden« oder »Das schafft die doch nie«. Ich hatte Ähnliches mal bei amerikanischen Freunden angefangen und nur Stille und verstörende Blicke geerntet. Viele Amerikaner kennen das Phänomen des Hinter-dem-Rücken-Redens gar nicht. Es wird gesellschaftlich als Schwäche gewertet, wenn man das tut. Und gleichzeitig gilt es auch als Zeit- und Energieverschwendung. Für mich eine positive Erfahrung und ein Lernprozess im eigenen Leben.

Die Reise hat mir noch eine weitere Eigenheit gezeigt: In den 50 Staaten bin ich immer wieder an irgendwelchen Geldsammelaktionen vorbeigekommen, wie zum Beispiel in Hinckley, Minnesota. Eines der Interviews zur Wahlkampfsituation fand dort statt, während Grant eine Spendendose in der Hand hielt, um ohne Eigennutz für Bedürftige im Ort Geld zu sammeln. Und das ist RIESIG in den USA. Fast jeder gute Bekannte oder Freund, den ich habe, engagiert sich. Peanutbutterbrote samstagsmorgens für die Obdachlosen schmieren, kostenlos auf dem Filmfestival helfen, sonntags durch den Nationalpark wandern und Müll aufsammeln. Die amerikanische Gesellschaft ist so erzogen worden, dass ein persönlicher Einsatz für das Gute einfach dazu gehört.

Kurz vor meiner Abfahrt habe ich in Denver bei einer Charity-Aktion mitgeholfen. Wir haben in einer Firma Lunchpakete für Obdachlose gepackt. Dort habe ich eine junge Frau kennengelernt, der ich erzählt habe, dass ich das noch nicht so oft gemacht habe, und ihr ist die Kinnlade fast heruntergefallen. Aber dann kam doch noch die typisch amerikanische Feel-Good-Reaktion:

»Ach, super, besser spät als nie, und dann umso mehr!« Sie fügte eines der obligatorischen Komplimente hinzu, die mich immer wieder vollkommen überraschen: »Ach, übrigens, tolles T-Shirt, wirkt süß an dir.« Damit ist der Feel-Good-Talk zur Perfektion abgerundet worden und meine schamhafte Vergangenheit, nicht wohltätig geholfen zu haben, schon längst vergessen.

Zu diesem Punkt der Hilfsbereitschaft muss man natürlich auch bedenken, dass Amerikaner weniger Sozialhilfe über Steuern leisten und so das Individuum eine größere gesellschaftliche Pflicht hat. Eng verbunden mit diesem Punkt steht wohl noch ein weiterer: das generationsübergreifende soziale Umfeld. Ich pendele seit zwei Jahren zwischen den Kulturen hin und her. Seitdem habe ich zahlreiche Freunde und gute Bekannte in meinem Leben, die 20 Jahre jünger und 20 Jahre älter sind. Etwas, das ich bislang so nicht kannte. Die Amis machen da wenig Unterschied. Von daher sollte man sich auch nicht wundern, wenn man als 39-jähriger Mann von einer 59-Jährigen angemacht wird.

Und ich habe in den 50 Staaten und Geschichten immer wieder die amerikanische Akzeptanz für Veränderung gespürt, die ich großartig finde. Heute bin ich der verrückte Abenteuerreporter, der durch Amerika rast, kurz nach der Reise bin ich wieder Life-Coach, der Leute in ihrem Leben berät, und einen Tag später bin ich vielleicht etwas ganz anderes. In den USA ist diese ständige Veränderung völlig normal.

Gestern warst du ein Bettler, heute bist du ein Millionär, und alle vergessen den gestrigen Bettler sofort. Das ist der amerikanische Traum. Du hast mal etwas Negatives gemacht und machst jetzt Gutes? Kein Ami würde sich jemals an die Vergangenheit erinnern. Auch das ist der amerikanische Traum. Ok, das klappt nicht immer mit diesem Ideal. Das habe ich auch auf dieser Reise gespürt. Aber der Geist dieses Traumes ist überall zu spüren. Die Ideale werden hochgehalten und die Menschen ringen darum.

Amerika, du warst mal wieder einzigartig! Danke.

Dein German Wiggy

DANKSAGUNG

Abschließend möchte ich mich bei mehreren Leuten bedanken, die diese Reise möglich gemacht haben: Bei Andrew von Escape Campervan für das tolle Gefährt: Was für ein zähes Ding! Bei allen Amis, die kein Problem damit hatten, dass ich ihnen circa zweihundertmal spontan die Kamera ins Gesicht gehalten habe: *Keep it positive!* Bei dem Bären im Nationalpark, der wahrscheinlich bei meinem versehentlichen Hupen ebenfalls dachte: »Du alter Depp, Wigge!«, und trotzdem nicht auf mich losgegangen ist. Bei dem WDR für die Kooperation an diesem Projekt und besonders bei meiner Redakteurin, Dr. Elke Maar, für die tolle Zusammenarbeit bei den Filmen ebenso wie bei dem Buch. Beim CONBOOK Verlag unter der Leitung von Matthias Walter für die unkomplizierte Zusammenarbeit und an Eva Reinitz als Lektorin für ihre Übersetzungsqualitäten Sauerländisch – Deutsch! Bei Dominik Stahl für die tolle Unterstützung Tag und Nacht beim Schnitt: Wie viele Kippen hast Du dabei geraucht? Bei mir selbst: Super, Wiggy! Und natürlich bei allen Lesern, die sich dem hier gewidmet haben!

Danke!
Wigge

Mir ist Resonanz zu diesem Buch sehr wichtig.
Bitte schreibt mich an: info@michaelwigge.com,
über Facebook und auf www.my-challenge-coach.com
für Auftritte, Projekte und Coachings.

Wenn Einheimische selbst die Entwicklungshelfer sind, dann ist es Stay. Entwicklung, die bleibt.

»Vor 11 Jahren

habe ich mit den Menschen aus meinem Dorf eine Schule aufgebaut, in der heute über 300 Kinder lesen, schreiben und rechnen lernen.

Als einheimischer Entwicklungshelfer kenne ich die Bedürfnisse der Menschen hier, denn ich bin einer von ihnen.«

Muddu Kayinga
Gründer und Geschäftsführer der Organisation COTFONE in Kiwangala, Uganda

Ausgangsbasis und tragende Säulen unserer Projekte sind die einzigen Menschen, die dauerhaft vor Ort bleiben: Die Einheimischen. Denn vorhandene, eigene Initiativen von einheimischen Entwicklungshelfern sind auch nach dem Ende einer Förderung überlebensfähig. Deshalb fördern wir Muddu Kayinga und seine Organisation Cotfone.

Wir gehen einen neuen Weg.
Unterstützen Sie unsere Arbeit jetzt mit Ihrer Spende!
Vielen Dank.

Stay • Im Hetzen 9 • 70734 Fellbach • Deutschland
+49 711 6581684 • welcome@stay-stiftung.org • stay-stiftung.org

stay
ENTWICKLUNG, DIE BLEIBT.

Eine Auswahl unserer USA-Routenreiseführer

2.500 Kilometer entlang der Pazifikküste der USA, von goldenen Stränden zu stürmischen Kaps, über Kliffs und Canyons, vorbei an Klippen und Vogelfelsen. Menschenleere Strände und Baumgiganten säumen die Strecke, Grauwale und Seelöwen werden zu den Begleitern einer eindrucksvollen Reiseroute. Dazwischen erwarten Sie die Metropolen Los Angeles, San Francisco und Seattle, Fixpunkte der amerikanischen Populärkultur. Entdecken Sie die amerikanische Pazifikküste und ein Amerika jenseits aller Klischees.

Jens Wiegand
Pacific Coast Highway USA

- ISBN 978-3-943176-37-7
- ISBN 978-3-95889-065-7

Durch eines der abwechslungsreichsten Gebiete der USA führt die Reiseroute von Seattle aus über sechs Nationalparks: Vom Wanderparadies Mount Rainier entlang der wilden Pazifikküste und durch den Regenwald des Olympic über das Kaskadengebirge in den North Cascades National Park. Tief in den Rockies beeindruckt die Szenerie des Glacier National Parks, es folgen der gigantische Yellowstone National Park, der zauberhafte Grand Teton National Park und als Kontrastprogramm Salt Lake City mit dem berühmten Großen Salzsee.

Marion Landwehr
Nationalparkroute USA – Nordwest

- ISBN 978-3-943176-72-8
- ISBN 978-3-95889-063-3

Der Südwesten ist weit mehr als nur die Prärie der Westernfilme, was die Natur hier in Jahrmillionen geschaffen hat, ist unbeschreiblich. Entlang einer der eindrucksvollsten Reiserouten der USA drängen sich weltberühmte Nationalparks aneinander: Zion, Bryce Canyon, Capitol Reef, Arches und Canyonlands, Mesa Verde und natürlich der gigantische Grand Canyon National Park. Daneben sorgen National Monuments wie Grand Staircase Escalante oder Natural Bridges und Erholungsgebiete wie der Lake Powell für ein hohes Maß an Abwechslung.

Marion Landwehr
Nationalparkroute USA – Südwest

- ISBN 978-3-943176-23-0
- ISBN 978-3-95889-064-0

www.conbook-verlag.de

Die wohl amüsanteste deutsch-japanische Liebesgeschichte

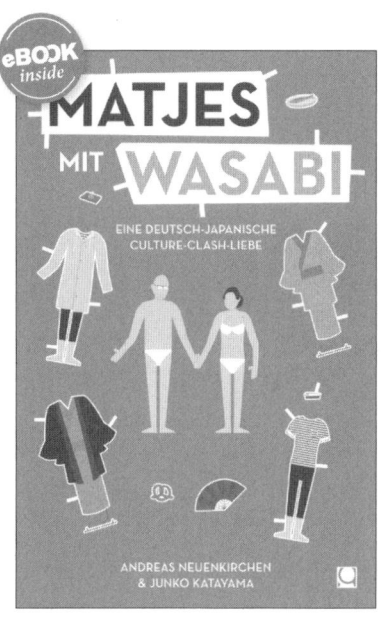

Andreas Neuenkirchen mit Junko Katayama
Matjes mit Wasabi
Eine deutsch-japanische Culture-Clash-Liebe

- ISBN 978-3-95889-116-6
- ISBN 978-3-95889-129-6

- www.matjes-mit-wasabi.de

»Ich bin in Tokio mittlerweile so sehr vereinsamt, dass die Waschmaschine meine einzige verlässliche Konversationspartnerin ist. Immerhin treffe ich morgen diese Dolmetscherin. Nicht, dass das ein Date wäre ...«

Drei Jahre später sind Andreas und Junko verheiratet, vier Jahre später ist Nachwuchs im Anmarsch und fünf Jahre später schreiben sie auf, wie das alles passieren konnte. Eine Liebesgeschichte zwischen Tokio, München und Bremen-Vegesack, im Spannungsfeld von Dirndl und Kimono, von Schweinshaxn und Reisbällchen, deutscher Korrektheit und japanischer Überkorrektheit, runtergespült mit der nötigen Menge Weißbier und Sake.

Müssen Japaner unbedingt Milchtüten bügeln und Deutsche täglich Fenster putzen? Ist man eine schlechte japanische Ehefrau, wenn das Abendessen aus weniger als fünf Gerichten besteht? Wird ein deutscher Ehemann es überhaupt bemerken? Und was kommt dabei heraus, wenn Matjes-Tempura im Backofen brutzeln?

»*Please create a new culture!*«, wiederholt der Vater der Braut mantramäßig seinen einzigen englischen Satz. Und nichts Geringeres haben Tochter und Schwiegersohn sich vorgenommen.

Wir erzählen Ihnen, was Sie niemals wissen wollten. Dachten Sie.

Sushi, Godzilla und gebrauchte Damenwäsche – skurrile Gerüchte und bizarre Vorurteile gibt es über Japan wahrlich genug. Was allerdings die Wenigsten wissen: Die Realität ist von all dem gar nicht weit entfernt. Wussten Sie zum Beispiel, dass es nichts Ahnungsloseres gibt als einen Taxifahrer in Tokyo? Dass Japaner ihre eigenen Orts- und Personennamen oftmals nicht lesen können? Und dass es kein elektrisches Gerät gibt, dem die Japaner mehr vertrauen als dem Fax?

Das Bild der Niederlande scheint klar und vertraut – doch wussten Sie, dass nicht wenige Holländer *vogelen* zu ihrem Lieblingshobby zählen? Kennen Sie die wahre Geschichte von Frau Antje? Sind Sie gewappnet für die ganze erschütternde Wahrheit über Tulpen? Haben Sie eine Vorstellung davon, wie Holländer im – nun ja – Längenvergleich abschneiden? Und können Sie ertragen, was unsere Nachbarn wirklich über uns denken?

Was verbirgt sich hinter dem – mittlerweile offiziell ja nicht mehr eisernen – Vorhang? Von horrenden Umweltskandalen, der Liebe zum Alkohol und charismatischen Führungspersönlichkeiten hat man ja schon einiges gehört. War Ihnen aber bewusst, dass eine kreative Auslegung der Realität zum guten Ton gehört, dass ein Riesenkrake namens Geheimdienst das Leben weiter an sich reißt – und dass Russland seinem strengen Klima zum Trotz eigentlich eine ziemliche Bananenrepublik ist?

Matthias Reich
Was Sie dachten, NIEMALS über JAPAN wissen zu wollen

📘 ISBN 978-3-95889-108-1
💻 ISBN 978-3-95889-128-9

Thomas Fuchs
Was Sie dachten, NIEMALS über die NIEDERLANDE wissen zu wollen

📘 ISBN 978-3-95889-085-5
💻 ISBN 978-3-95889-112-8

Alex Albrecht
Was Sie dachten, NIEMALS über RUSSLAND wissen zu wollen

📘 ISBN 978-3-95889-102-9
💻 ISBN 978-3-95889-113-5

www.conbook-verlag.de

Ein Fahrrad, 26 Länder und jede Menge Kaffee

Ein wahnwitziges Reiseabenteuer zwischen Aufbruchlaune, Selbstfindung und ungewöhnlichen Begegnungen auf 14.037 Radkilometern.

Eines Tages wirft der Unternehmensberater Markus Weber seine heile Welt über den Haufen und stürzt sich Hals über Kopf in ein Abenteuer.

Er setzt sich auf sein Fahrrad und fährt los – durch 26 Länder, bis nach Togo. Seine Reise führt ihn durch verlassene osteuropäische Dörfer und über zermürbende Sandpisten in Westafrika. Er fährt per Anhalter durch die Sahara, radelt durch den unerschlossenen guineischen Regenwald und schmuggelt sich in Liberia über geschlossene Grenzübergänge.

Alles, um zwei Fragen zu beantworten: Wer bin ich? Und: Gibt es eigentlich *Coffee to go* in Togo?

Markus Maria Weber
Ein Coffee to go in Togo
Ein Fahrrad, 26 Länder und jede Menge Kaffee

ISBN 978-3-95889-138-8
ISBN 978-3-95889-143-2

Die Kult-Reise-Abenteuer von Andreas Brendt

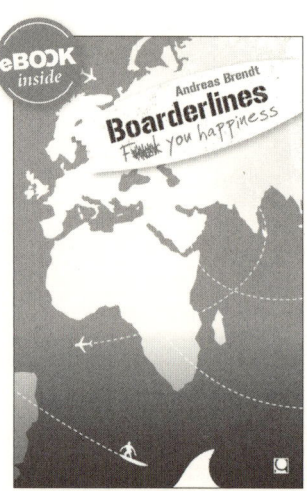

»*Ein starkes Debüt, das Fernweh weckt!*«
(BÜCHER)

»*Ich hab selten beim Lesen so viel Fernweh gehabt.*« (SWR 3)

»*Unglaublich witzig und unterhaltsam und gleichzeitig mit Tiefgang. Vorsicht: Suchtgefahr.*« (active women)

»*Ein Buch mit großer Erzählkraft, Tiefsinn und einer Prise Humor.*« (Aachener Nachrichten)

Nach zehn turbulenten Reisejahren ist Andi zurück in der Heimat und stürzt sich in das Experiment Deutschland, um den Alltag als Lehrer zu proben. Doch dann kommt sie: Paula. Andis Welt steht Kopf und die Sehnsucht nach Meer wird unbezwingbar. Gemeinsam brechen sie auf, finden das Abenteuer, leben die Liebe und lieben das Leben.

Bis sie den Boden unter den Füßen verlieren und alles aus der Bahn geworfen wird. Plötzlich befindet sich Andi auf der abenteuerlichsten Reise seines Lebens – ohne davon zu ahnen.

Andreas Brendt
Boarderlines
📘 ISBN 978-3-943176-99-5
💾 ISBN 978-3-95889-086-2

Andreas Brendt
Boarderlines – Fuck You Happiness
📘 ISBN 978-3-95889-117-3
💾 ISBN 978-3-95889-122-7

CONBOOK
www.conbook-verlag.de